高职文化育人系列教材——产业文化与职业素养系列

汽车文化与职业素养

总主编　孙志春
主　编　孙志春　贾　敏　汪爱丽
副主编　王福忠　王永浩　蒋卫东　刘猛洪
参　编　陈美波　刘　静　王超群　公延春
　　　　韩　昶　宋作军　孟繁营　许崇霞
　　　　苗春龙　孙　艳　程传芹　张玉华
　　　　栾琪文

北京理工大学出版社
BEIJING INSTITUTE OF TECHNOLOGY PRESS

内容简介

"汽车文化"课程是职业院校汽车类专业的必修课程，也是非汽车类专业的公共选修课。意在开阔学生的视野、丰富学生的汽车知识，对于培养学生的专业素质起着重要的作用。

本书是校企共同开发编写的，以"体现专业文化精髓、激发学习兴趣、提升职业素养"为宗旨，力求突出科学性、思想性和可读性，通过阅读实现感染人、影响人、启迪人、培育人的目标。全书彩版，图文并茂，直观易懂，言简意赅，非常利于使用者的学习和掌握，既可作为职业院校文化育人教材，也可作为企业员工培训教材及广大读者的课外读物。

全书共分五篇十七章，包括汽车发展史、知名汽车品牌、汽车名人、汽车多元文化和职业素养。其中，汽车发展史分世界汽车发展史和中国汽车发展史两部分；知名汽车品牌则按照地域划分，逐一介绍美国、欧洲、亚洲及中国的汽车品牌；汽车名人主要介绍欧洲、美国、日本和中国的杰出汽车人物；汽车多元文化主要介绍汽车运动、汽车时尚、汽车新技术、汽车美容和汽车不良文化；职业素养主要介绍汽车工匠精神和行业人员的职业素养。

版权专有　侵权必究

图书在版编目（CIP）数据

汽车文化与职业素养/孙志春，贾敏，汪爱丽主编．—北京：北京理工大学出版社，2018.10（2023.7重印）

ISBN 978-7-5682-5834-0

Ⅰ.①汽… Ⅱ.①孙… ②贾… ③汪… Ⅲ.①汽车—文化 Ⅳ.①U46-05

中国版本图书馆 CIP 数据核字（2018）第 142811 号

出版发行	/ 北京理工大学出版社有限公司
社　　址	/ 北京市海淀区中关村南大街 5 号
邮　　编	/ 100081
电　　话	/（010）68914775（总编室）
	（010）82562903（教材售后服务热线）
	（010）68944723（其他图书服务热线）
网　　址	/ http://www.bitpress.com.cn
经　　销	/ 全国各地新华书店
印　　刷	/ 三河市华骏印务包装有限公司
开　　本	/ 787 毫米 ×1092 毫米　1/16
印　　张	/ 12.5
字　　数	/ 315 千字
版　　次	/ 2018 年 10 月第 1 版　2023 年 7 月第 4 次印刷
定　　价	/ 39.00 元

责任编辑／赵　岩
文案编辑／邢　琛
责任校对／周瑞红
责任印制／李志强

图书出现印装质量问题，请拨打售后服务热线，本社负责调换

前言 Preface

　　汽车职业教育面向汽车制造、生产、管理、经营、维修、服务一线培养高素质技术技能型人才，培养学生一技之长是其根本任务。高职教育目前正在通过修正人才培养方案，改革培养模式和教学方法，加强培养学生的自主学习和自我管理能力，注重培养学生的管理能力、人际交往能力、自主学习能力和职业发展能力，高职教育的各专业培育目标正从高技能向核心素养和关键能力拓展。

　　职业院校不仅要着力培养学生的职业技能，更要积极推进产业文化进教育、工业文化进校园、企业文化进课堂，不断提升其"文化底蕴"，强化学生的职业道德和职业精神，增强学生的可持续发展能力。

　　开设产业文化与职业素养课程，将文化育人纳入人才培养体系是重要手段之一。其通过常规教学使学生逐步了解所学专业，了解未来从事的产业及岗位，学习优秀企业文化，让精益求精、追求卓越、崇尚创新的"工匠精神"融入学生日常学习与生活中，使学生自觉践行社会主义核心价值观。

　　本书共分五篇十七章，建议教学学时分配如下表。

篇	章	课时
第一篇 汽车发展史	第一章　世界汽车发展史 第二章　中国汽车发展史	6
第二篇 知名汽车品牌	第一章　美国汽车公司 第二章　欧洲汽车公司 第三章　亚洲汽车公司 第四章　中国汽车公司	6
第三篇 汽车名人	第一章　欧洲的汽车名人 第二章　美国的汽车名人 第三章　日本的汽车名人 第四章　中国的汽车名人	6
第四篇 汽车多元文化	第一章　汽车运动 第二章　汽车时尚 第三章　汽车新技术 第四章　汽车美容 第五章　汽车不良文化	6

续表

篇	章	课时
第五篇 职业素养	第一章 工匠精神 第二章 汽车行业人员的职业素养	4

  本书由济宁职业技术学院主持编写，孙志春负责整体策划和组织编写。贾敏撰写第一篇，汪爱丽撰写第二篇，陈美波、刘静撰写第三篇，王超群、公延春撰写第四篇，刘猛洪、孙艳、程传芹撰写第五篇。本书得到了各级领导、行业企业专家、教育专家的热心指导和帮助，在此深表谢意。

  在编写本书的过程中，参考并引用了一些书籍、网站的相关文字、图片等资料，在此向所有作者表示感谢。由于内容较多，如有遗漏引用之处，敬请见谅。由于编者水平有限，书中不当之处，欢迎读者批评指正。

编　者

目录

第一篇　汽车发展史

第一章　世界汽车发展史 ······ 3
- 第一节　蒸汽汽车的诞生 ······ 3
- 第二节　内燃机汽车的诞生 ······ 7
- 第三节　汽车大量生产时期 ······ 9
- 第四节　汽车产品多样化时期 ······ 13
- 第五节　汽车产品低价格时期 ······ 17

第二章　中国汽车发展史 ······ 19
- 第一节　中华人民共和国成立前的汽车发展 ······ 19
- 第二节　中华人民共和国成立后的汽车工业 ······ 20

第二篇　知名汽车品牌

第一章　美国汽车公司 ······ 27
- 第一节　通用汽车公司 ······ 27
- 第二节　福特汽车公司 ······ 32
- 第三节　克莱斯勒汽车公司 ······ 36

第二章　欧洲汽车公司 ······ 39
- 第一节　大众汽车公司 ······ 39
- 第二节　戴姆勒–奔驰汽车公司 ······ 43
- 第三节　宝马汽车公司 ······ 45
- 第四节　保时捷汽车公司 ······ 47
- 第五节　标致雪铁龙集团 ······ 47

第六节　雷诺日产联盟 ·· 48
第七节　菲亚特汽车公司 ·· 49

第三章　亚洲汽车公司 ·· 52

第一节　丰田（TOYOTA）汽车公司 ····························· 52
第二节　本田（Honda）汽车公司 ································ 54
第三节　三菱（Mitsubishi）汽车公司 ···························· 55
第四节　富士重工 ·· 55
第五节　铃木（Suzuki）汽车公司 ································ 56
第六节　现代汽车公司 ·· 56
第七节　起亚汽车公司 ·· 57
第八节　大宇汽车公司 ·· 57
第九节　双龙汽车公司 ·· 58
第十节　塔塔汽车公司（TataMotors）···························· 58

第四章　中国汽车公司 ·· 59

第一节　中国第一汽车集团有限公司 ······························ 59
第二节　东风汽车集团有限公司 ·································· 59
第三节　上海汽车工业（集团）总公司 ···························· 60
第四节　南京汽车集团有限公司 ·································· 60
第五节　北京吉普汽车有限公司 ·································· 61
第六节　北京奔驰－戴姆勒·克莱斯勒汽车有限公司 ················· 61
第七节　广州本田汽车有限公司 ·································· 61
第八节　广州丰田汽车有限公司 ·································· 62
第九节　长安汽车（集团）有限责任公司 ·························· 62
第十节　奇瑞汽车股份有限公司 ·································· 62
第十一节　北京现代汽车有限公司 ································ 63
第十二节　比亚迪汽车有限公司 ·································· 63
第十三节　华晨金杯汽车有限公司 ································ 63
第十四节　江淮汽车集团股份有限公司 ···························· 64
第十五节　长城汽车股份有限公司 ································ 64
第十六节　力帆汽车有限公司 ···································· 65
第十七节　北汽福田汽车股份有限公司 ···························· 65
第十八节　北京汽车制造厂有限公司 ······························ 65

第十九节 昌河铃木汽车有限责任公司	66
第二十节 昌河汽车股份有限公司	66
第二十一节 长丰（集团）有限责任公司	66
第二十二节 东南（福建）汽车工业有限公司	67
第二十三节 哈飞汽车工业集团有限公司	67
第二十四节 江铃控股有限公司	67

第三篇　汽车名人

第一章　欧洲的汽车名人 71
- 第一节　现代汽车之父——卡尔·本茨 71
- 第二节　杰出的汽车设计大师——费迪南德·波尔舍 73
- 第三节　挑战极限的发明家——安德烈·雪铁龙 75
- 第四节　赛车之父——恩佐·法拉利 77
- 第五节　尼古拉斯·奥托 79
- 第六节　柴油机之父——鲁道夫·狄塞尔 80
- 第七节　转子发动机之父——弗力斯·汪克尔 81

第二章　美国的汽车名人 83
- 第一节　通用的缔造者——威廉·杜兰特 83
- 第二节　汽车大王——亨利·福特 85
- 第三节　机械天才——沃尔特·克莱斯勒 86
- 第四节　通用奇才——艾尔弗雷德·斯隆 88
- 第五节　美国商业偶像第一人——李·艾柯卡 90

第三章　日本的汽车名人 92
- 第一节　日本国产车之父——丰田喜一郎 92
- 第二节　日本的福特——本田宗一郎 94

第四章　中国的汽车名人 96
- 第一节　中国汽车业之父——饶斌 96
- 第二节　中国汽车科技界的先驱——孟少农 98

第四篇　汽车多元文化

第一章　汽车运动·103

- 第一节　汽车运动的起源·103
- 第二节　汽车运动的组织结构·106
- 第三节　汽车运动的分类·107

第二章　汽车时尚·112

- 第一节　汽车俱乐部·112
- 第二节　汽车与媒体·115
- 第三节　汽车文化收藏·117
- 第四节　汽车礼仪·118

第三章　汽车新技术·121

- 第一节　汽车安全技术·121
- 第二节　汽车节能技术·128
- 第三节　汽车环保技术·139

第四章　汽车美容·144

- 第一节　汽车美容基础知识·144
- 第二节　汽车美容护理用品·148
- 第三节　汽车美容技术·153

第五章　汽车不良文化·160

- 第一节　汽车与环境污染·160
- 第二节　其他问题·167

第五篇　职业素养

第一章　工匠精神·171

- 第一节　工匠精神的内涵·171
- 第二节　工匠精神的意义·174
- 第三节　工匠精神的塑造·177

第二章　汽车行业人员的职业素养 ······················· 180
第一节　汽车行业的构成 ···························· 180
第二节　汽车行业的发展趋势 ·························· 181
第三节　职业素养的涵义、构成和汽车行业主要工作岗位的职业素养 ·········· 183
第四节　汽车行业人员职业素养的培养与自我培养 ················· 187

参考文献 ····································· 189

第一篇

汽车发展史

第一章　世界汽车发展史

汽车同其他现代高级复杂工具如电子计算机等一样，并非哪一个人坐在那里发明的，发明之初的汽车也并非是这个样子的，汽车的发展也有一个漫长的过程。总体来说，汽车的发展经历了蒸汽汽车的诞生、内燃机汽车的诞生、汽车大量生产时期、汽车产品多样化时期、汽车产品低价格时期及向发展中国家转移几个阶段。

第一节　蒸汽汽车的诞生

人类对自然界的认识是逐渐加深的，从最初的利用人力、畜力到后来使用水力、风力。在 1705 年，纽科门首次发明了不依靠人和动物来做功而是靠机械做功的实用化蒸汽机。这种蒸汽机用于驱动机械，便产生了划时代的第一次工业革命。随着蒸汽驱动的机械汽车的诞生，人类社会开始了永无休止的汽车发展的历史。

一、真正意义的第一台蒸汽机

机械动力装置发展的最初目标并非用于车辆，而是为了给矿井抽水。随着矿井越挖越深，地下水成了矿井和矿工的大敌。为了开掘矿道和保证安全，必须尽快抽掉地下水。1705 年，英国人纽科门首次制成可供实用的大气式蒸汽机，用来驱动一台抽水机将矿井中的水抽出，被称为纽科门蒸汽机。纽科门蒸汽机将蒸汽引入气缸，然后向气缸中喷水冷却，冷却后的气缸内压下降，气缸里的活塞在大气压力的推动下向上运动，带动抽水泵抽水。其活塞每分钟只能运动 10 次，但已经极大地提高了抽水的效率。

1757 年，木匠出身的技工瓦特被英国格拉斯哥大学聘为实验室技师，有机会接触纽科门蒸汽机，并对纽科门蒸汽机产生了兴趣。1763 年，他在修理蒸汽机模型中发现，纽科门蒸汽机只利用了气压差，没有利用蒸汽的张力，因此热效率低，燃料消耗大，于是他下决心对纽科门蒸汽机进行改进。首先，他认为将气缸里的蒸汽送到另一个容器中去冷却，既可以获得能做功的真空，又可以使气缸中的温度下降不多，可大大提高热效率。另外，使用空气的张力作为动力，可以有效地防止空气冷却气缸。1769 年，瓦特与博尔顿合作，发明了装有冷凝器的蒸汽机。1774 年 11 月，他们又合作制造了真正意义的蒸汽机（图 1-1-1）。

蒸汽机的发明推动了机械工业甚至社会的发展，并为汽轮机和内燃机的发展奠定了基础。

图 1-1-1　瓦特发明的蒸汽机

二、蒸汽汽车的诞生

1769 年，法国人居纽制造了世界上第一辆蒸汽驱动的三轮汽车（图 1-1-2）。这辆汽车被命名为"卡布奥雷"，车长 7.32m，车高 2.2m，车架上放置着一个像梨一样的大锅炉，前轮直径 1.28m，后轮直径 1.50m，前进时靠前轮控制方向，每前进 12～15min 需停车加热 15min，运行速度 3.5～3.9km/h。后来其在试车途中撞到石头墙上损坏了。尽管居纽的这项发明失败了，但它却是古代交通运输（以人、畜或帆为动力）与近代交通运输（以动力机械驱动）的分水岭，具有划时代的意义。

图 1-1-2　法国人居纽研制的蒸汽汽车

1786 年，美国人约翰·菲奇发明了蒸汽动力船。

1804 年，脱威迪克设计并制造了一辆蒸汽汽车，这辆汽车拉着 10t 重的货物在铁路上行驶了 15.7km。

1808年，英国人理查德·特拉唯西克发明了铁路蒸汽机车。

1825年，英国人嘉内制造了一辆蒸汽公共汽车（图1-1-3），该车拥有18座，最高车速达19km/h，开始了世界上最早的公共汽车运营。

图1-1-3　嘉内研制的蒸汽公共汽车

1831年，美国人史沃奇·古勒将一台蒸汽汽车投入运输，使相距15km的格斯特和切罗腾哈姆之间出现了有规律的运输服务。

1834年，世界上最早的公共汽车运输公司——苏格兰蒸汽汽车运输公司成立。当时在英国爱丁堡市内营运的蒸汽汽车，前面坐着驾驶员，中部可容纳20～30名乘客，后部是锅炉位，需配一名司炉员。蒸汽机气缸位于后轴的前方地板下，以驱动后轮前进。然而，这些车少则3～4t，多则10t，体积大，速度慢，常常撞坏未经铺设的路面，引起各种事故。

1865年，英国颁布了世界上最早的机动车法规，即所谓"红旗法规"。该法规规定汽车最高车速不得超过6.4km/h，行车时必须有专人挥动红旗，以警示路上的行人和马车。具有讽刺意义的是，这条法规的实施使英国在制造汽车的起步上大大落后于其他工业国家。

1883年，法国人发明了蒸汽动力飞艇。

三、实用内燃机的发明

内燃机的发明是从往复活塞式开始的。这种内燃机的工作原理如下：首先吸入空气和燃料，压缩并点燃混合气，燃料做功，然后排出燃烧后生成的废气。这些是按照一定的行程顺序连续进行的。

1794年，英国人斯垂特首次提出了把燃料和空气混合形成可燃混合气以供燃烧的设想。

1801年，法国人勒本提出了煤气机的原理。

1824年，法国热力工程师萨迪·卡诺在《关于火力动力及其发生的内燃机考察》一书中，揭示了"卡诺循环"的学说。

1860年，艾提力·雷骆制造了内燃机。

1861年，法国铁路工程师罗夏发表了进气、压缩、做功、排气等容燃烧的四冲程发动机理论。这一理论后来成为内燃机发展的基础，并于1862年1月16日被法国当局授予了专利，但因罗夏拖欠专利费，其专利失效。

1866年，德国工程师尼古拉斯·奥托偶然在报纸上看到一篇关于勒诺瓦赫内燃机的报道，下决心对其进行改进，并研究了罗夏的四冲程内燃机的论文，成功地试制出动力史上有划时代意义的立式四冲程内燃机。1876年，他又试制出第一台实用的活塞式四冲程煤气内燃机。这台单缸卧式功率为2.9kW的煤气机，压缩比为2.5，转速为250r/min。这台内燃机被称为奥托内燃机（图1-1-4）。尼古拉斯·奥托于1877年8月4日获得专利。后来，人们一直将四冲程循环称为奥托循环。尼古拉斯·奥托以内燃机奠基人的身份被载入史册，其发明为汽车的发明奠定了基础。

图1-1-4　奥托内燃机

四、第一台柴油机的诞生

卡尔·本茨和戴姆勒发明的都是汽油机。当时的人们在尝试用汽油作为燃料的同时，也尝试用其他燃油作为燃料。

鲁道夫·狄塞尔于1858年3月18日生于巴黎。由于父亲是德国移民而遭到法国当局的驱逐，家中生活相当窘迫。12岁时，他又回到法国，毕业后即进入了当地技校学习。两年后，他又获国家奖学金的优等生资格被当时德国最有名的学府——慕尼黑高等技术学校录取。读书期间，鲁道夫·狄塞尔萌发了研制新型经济型发动机的念头。毕业后，他当了一名冷藏师。

为了研制经济型发动机，鲁道夫·狄塞尔利用业余时间在一些作坊式的小工厂里以自己的设备开始试验，一次氨气试验时，发生爆炸，险些丧命。

1892年，鲁道夫·狄塞尔经过多年潜心研究，提出了压燃式柴油机的理论。

1893年，鲁道夫·狄塞尔制造出第一辆试验样机。通过试验，鲁道夫·狄塞尔决定对1892年所获得的专利作若干改动，其中重大改动之一是不用煤粉作燃料。

1894年2月7日，第二台试验样机运转了1min，转了88圈。

1897年，德国人鲁道夫·狄塞尔成功地试制出了第一台柴油机（图1-1-5）。柴油机从设想变为现实经历了20年的时间，第一台柴油机是鲁道夫·狄塞尔冒着生命危险在一片指责声中试制出来的。鲁道

图1-1-5　鲁道夫·狄塞尔和他发明的第一台柴油机

夫·狄塞尔虽然未能活到柴油机用于汽车的那一天,但他亲眼看到自己的发明用于造船业,以绝对优势取代了蒸汽机。

鲁道夫·狄塞尔的发明改变了整个世界。人们为了纪念他,就把柴油机称作狄塞尔柴油机。

第二节 内燃机汽车的诞生

世界上第一辆汽车是由卡尔·本茨于 1886 年 1 月 29 日发明的。其实,在卡尔·本茨之前还有一些人在研制汽车发动机和汽车。法国报刊早在 1863 年就报道过雷诺发明的汽车,其车速不到 8km/h,但是它还是从巴黎到乔维里波达来回跑了 18km。1884 年,法国人戴波梯维尔运用内燃机作为动力源,制造了一辆装有单缸内燃机的三轮汽车和一辆装有两缸内燃机的四轮汽车。

一、卡尔·本茨的第一辆汽车

1879 年,德国工程师卡尔·本茨首次试验成功了一台二冲程试验性发动机。

1883 年,卡尔·本茨创立了"本茨公司和本茨莱茵发动机厂"。

1885 年,本茨在曼海姆制成第一辆本茨专利发动机汽车(图 1-1-6)。

图 1-1-6 卡尔·本茨和他发明的第一辆汽车

卡尔·本茨的车为三轮汽车,采用一台二冲程单缸 0.9 马力(1 马力 ≈ 0.74kW)的汽油机,此车具备了现代汽车的一些特点,如火花点火、水冷循环、钢管车架、钢板弹簧悬架、后轮驱动、前轮转向和制动把手。但此车的性能并不十分完善,行驶速度、装载能力、爬坡性能也不十分如意,而且在行驶中经常出现故障。

卡尔·本茨的发明最初被人们所怀疑。当时曼海姆的报纸把他的车贬为无用可笑之物。卡尔·本茨的夫人为了回击一些人的讥讽，于 1888 年 8 月带领两个儿子驱车试验，他们从曼海姆出发，途经维斯洛赫添油加水，直驶普福尔茨海姆，全程 144km。这次历程为卡尔·本茨的发明增添了说服力。因此，卡尔·本茨的夫人是历史上第一位女驾驶员，而维斯洛赫成为历史上第一个汽车加油站。

仔细观察世界上第一辆汽车的构造会发现，它的外形与当时的马车差不多，车速和装载质量也不比马车优越。但是，它的巨大贡献不在于其本身所达到的性能，而在于观念的变化，就是自动化的实现和内燃机的使用。卡尔·本茨不仅敢于向当时占有垄断地位的马车制造商挑战，而且敢于放弃使用在技术上相当成熟的马车技术，足以证明其充分的自信和观念的转变。因为这种车能自己行走，所以人们用希腊语中的 auto（自己）和拉丁语中的 mobile（会动的）构成复合词来解释这种类型的车，这就是 automobile 一词的由来。

卡尔·本茨的第一辆三轮汽车是世界上最早的汽车雏形，这辆汽车被收藏在德国的本茨汽车博物馆内。

二、戴姆勒的第一辆汽车

1885 年，德国人戴姆勒发明了第一辆四轮汽车（图 1-1-7）。

图 1-1-7　戴姆勒和他发明的第一辆四轮汽车

戴姆勒是马车商的儿子。他的父亲因为蒸汽汽车抢了他的生意而大为恼火。在一次马车与蒸汽汽车比赛的打赌中，他父亲大丢脸面，这给小戴姆勒留下了深刻的印象。他发誓要发明一种新机器超过蒸汽汽车。戴姆勒是个机器迷，他当过铁匠和车工，长期在内燃机发明者尼古拉斯·奥托创建的道依茨发动机公司从事技术工作，为固定式煤气内燃机的研制做出了重要贡献。但是，戴姆勒对汽油机更感兴趣。然而，尼古拉斯·奥托目光短浅，墨守成规，他看到当时煤气机销售很好，并认为内燃机运用在汽车上没有前途，所以不同意对他的内燃机进行改进。1881 年，戴姆勒辞去道依茨公司的一切职务，转而同他的同事迈巴赫合作开办了当时第一家所谓的汽车工厂。1883 年 8 月 15 日，戴姆勒和迈巴赫发明了汽油内燃机。1885 年年末，戴姆勒将马车改装，增加了转向、传动装置，安装了功率为 1.1kW 的内燃机，装上四个轮子，其车速达 14.4km/h。

第三节 汽车大量生产时期

这一时期主要集中在 20 世纪初至 20 世纪 50 年代。以美国福特公司为代表用实行大批量生产的方式代替订单生产的方式极大地降低了汽车生产的成本，使美国汽车称雄世界 50 年之久。

一、汽车产品初期的技术发展

德国人发明了汽车，但促进汽车初期发展的是法国人。汽车出现以后，各国政府纷纷立法管理。当时在欧洲立法基本上是对汽车发展不利的，只有在法国汽车才能自由发展，初期汽车技术的发展都是在法国。

1889 年，法国的别儒研制成功齿轮变速器、差速器。

1891 年，法国人首次采用前置发动机后轮驱动，开发出摩擦片式离合器。

1895 年，法国人开发出充气式橡胶轮胎。

1896 年，英国首次采用了石棉制动片和方向盘。

1898 年，法国的雷诺一号车采用了箱式变速器、万向节传动轴和齿轮主减速器。

1902 年，法国的狄第安采用了流传至今的狄第安后桥半独立悬架。

另外，德国在 1893 年发明了化油器。

在汽车发展的早期，强大的社会需求促使汽车技术得到了空前的发展。也正是在这场汽车技术革命中，欧洲汽车名人和名车如同夜空中的星星般璀璨。

1882 年，法国一个小五金匠的儿子标致设计制造了他的第一辆汽车。1896 年他创立了以狮子为标志的标致汽车公司，这就是标致雪铁龙集团的前身。

1896 年，雷诺在法国创立了雷诺汽车公司。

1898 年，奥地利车手杰里克向戴姆勒订购了一辆赛车，并以自己最喜欢的小女儿的名字"梅塞德斯"命名。"梅塞德斯"来源于西班牙圣徒的名字，象征美好和吉祥。"梅塞德斯"一路领先，击败所有对手。后来，杰里克将其代理经销的 36 辆戴姆勒汽车全部取名为"梅塞德斯"。1902 年，戴姆勒公司正式将"梅塞德斯"作为自己产品的商标，一代名车"梅塞德斯"从此诞生了（图 1-1-8）。

图 1-1-8　杰里克的女儿梅塞德斯和梅塞德斯汽车

1904年，贵族子弟赛车手罗尔斯和工程师罗伊斯（图1-1-9）联手，成立了罗尔斯·罗伊斯公司。该公司以生产高性能、豪华汽车为宗旨，创立了名车极品——罗尔斯·罗伊斯。1907年，他们生产了一辆铝制车身，金属零部件全部用高抛镀银，装35.5kW发动机。这就是目前市场上拍卖价格1700万美元的"银色幽灵"（图1-1-10）。

图 1-1-9　罗尔斯和罗伊斯

在欧洲，汽车诞生以后的设计指导思想主要是为了满足人们的娱乐需求，所以研制的汽车都是轿车，而且是豪华型轿车，售价昂贵，一般人的经济能力难以承受，销售市场受到限制，产量不能大幅提高。另外，汽车是一种结构复杂的大型机械产品，当时世界上还缺乏大量生产这种大型机械产品的技术条件，不论在欧洲还是在美洲都不可能形成汽车工业。1906年，法国的汽车厂家宣称欧洲的汽车产量占世界年产量的58%，但是它们的产量只有5万辆左右。

图 1-1-10　银色幽灵

二、美国汽车的发展

汽车文明从欧洲传到美国后，这个年轻而富有创造性的国家对它表示出了极大的兴趣。

1893年，弗兰克·迪利亚制造出美国第一辆汽油汽车，这辆车至今还保存在华盛顿的史密逊博物馆里。紧随其后，利兰得成立了凯迪拉克公司。

1896年，欧尔茨创建欧尔茨汽车公司，其成为世界上第一家批量生产汽车的工厂。它就是当今世界第一大企业——通用汽车公司的前身。

1903年，汽车王亨利·福特创立了福特汽车公司。

1903年，大卫·别克创立了别克汽车公司。

1908年，威廉·杜兰特创建了通用汽车公司，同时兼并别克汽车公司和奥兹莫比尔汽车公司，次年又将凯迪拉克、欧克兰、雪佛兰等汽车公司收于门下，为日后成为全球头号汽车企业积累了资本力量。

1913年，福特汽车公司采用流水作业法，首先实施大量生产方式，开汽车工业之先河，为全球汽车工业的生产模式开辟了一条具有决定性意义的生产经营之路。

1925年，当时在通用汽车公司任职的沃尔特·克莱斯勒买下马克斯威尔汽车公司，创立了克莱斯勒公司。

至此，美国的三大汽车集团相继成立。直至今日，这三大汽车集团仍占据美国95%的销售份额，并且对世界汽车行业的发展起着举足轻重的作用。

1908年建立的美国通用汽车公司，其创始人威廉·杜兰特是个富有的资本家，他的通用汽车公司通过兼并众多的汽车公司得以扩展壮大。可他是个只知收买不懂经营管理的人，因兼并的汽车厂家太多，而每个厂家都各自独立经营，产品纷杂无序，面对每季度的盈亏报表他束手无策。艾尔弗雷德·斯隆扭转了这一局面，这位通用汽车公司传奇般的领袖在1921～1955年的34年间，以福特大规模生产技术为先导，对包括车间、工程部门和销售系统在内的整个公司系统的组织和管理体制进行改善，从而率领通用汽车公司逐步走向辉煌。

世界第二大汽车集团福特汽车公司始建于1903年，它在1908～1927年的19年间，共计生产了约1500万辆黑色福特T型车。这种汽车的设计兼顾制造和使用两方面，为处于初级阶段的汽车工业确立了发展方向，也为整个汽车工业的革命性变化奠定了基础。特别是亨利·福特于1913年春天在其底特律海兰公园的新厂房内首次装设了移动总装线，这标志着人类将迈入大量生产方式的规模经济时代。在大量生产方式的召唤下，世界汽车工业迅猛发展。这一推动作用的延续竟长达半个多世纪之久，从而使过去只属于富裕阶层的汽车逐渐成为大众化商品。它所影响的范围也不仅仅局限于汽车行业，最终被欧美大部分的工业生产所采纳。

克莱斯勒汽车公司在美国三大汽车集团中历史最短。其生产规模、产量、销售额、市场占有率等方面都与通用、福特有相当大的差距。然而，1998年5月，它与德国最大企业集团戴姆勒—奔驰汽车公司的合并，标志着世界汽车产业大规模重组的大变革时代的来临。

三、福特T型车

1908年，亨利·福特及其伙伴将奥尔兹、利兰以及其他人的设计和制造思想结合成为一种新型汽车——T型车（图1-1-11）。T型车采用许多先进的制造技术及材料，用以简

图 1-1-11 亨利·福特和他的 T 型车

图 1-1-12 亨利·福特的流水生产线

化生产过程,降低成本,使汽车适应十分简陋的乡村条件。1914 年,他将泰勒的流水生产线技术运用到汽车上,这种技术被后人称为装配线(图 1-1-12)。装配线不仅有助于在装配过程中通过生产设备使零部件连续流动,而且便于对制造技能进行分工,使复杂技术简化、程序化。

福特汽车公司在其成立的 1903 年只生产了 1700 辆车,而 1908 年增长到 10 000 辆。

大批量生产使 T 型车的成本降得很低,大众当然能够消费得起。原来卖 800 美元一辆的 T 型车,1913～1914 年降至 500 美元。

1916 年,T 型车年产量达到 50 万辆,福特公司已经控制了美国乃至世界各地的汽车市场,地球上几乎有一半汽车是 T 型车。

1925 年 10 月 30 日,福特汽车公司的工厂里平均每 10s 就生产出一辆 T 型车,创造了世界汽车生产史上的奇迹,而车价也降到了 300 美元以下。亨利·福特发明的流水线生产方式的成功,不仅大幅降低了汽车成本、扩大了汽车生产规模、创造了一个庞大的汽车工业,而且使当时世界上的大部分汽车生产产地从欧洲移到了美国。1929 年,美国生产汽车 54.5 万辆,出口占 10%,占领了美国之外的世界市场的 35%。

然而,1926 年 T 型车遭受了致命的打击——严重滞销。这是因为 20 世纪 20 年代中的美国汽车顾客对自己运输方面的要求已不仅仅局限于经济实惠,他们还要求有漂亮的颜色、四轮驱动、减振器、变速器、低压大轮胎和流线形车体。T 型车在爵士乐、私酒贩卖、华丽影院诞生的过程中,在乡间小镇渴求炫耀财富的日子里,在通用汽车公司新型车雪佛兰推出时,终于退出了辉煌的历史舞台。

至 1927 年关闭停产时,T 型车一共生产了 1500 万辆。

几十年以后,《福特传》的作者写道:"T 型车不仅是一部车,更是一种召唤,它把汽车工业带入了有希望、有前途、高效率、有实用价值的领域。"T 型车是第一部引起全国注目的车子。作家们对这种车子的特征作了有趣的描述,其中一位作家搜遍了整个兽类王国来和它对比,说它"有骡子的脾气,有骆驼的耐性"。福特 T 型车可以说是将家庭轿车神话变为现实的第一车。

第四节　汽车产品多样化时期

汽车产品多样化时期从20世纪50年代开始至20世纪70年代。欧洲厂商也开始实行"量产化"。另外，欧洲厂商具有卓越的产品设计性能，从而生产出各式各样的跑车，转而销往美国，得以出现欧美两霸并存的局面。

20世纪50年代，美国汽车业界已形成"通用""福特""克莱斯勒"三大公司鼎立的局面，并且其以压倒性的优势雄居世界汽车市场。然而，它们凭借霸占世界市场的既得利益，疏忽了继续开发新技术的创造力。

20世纪50年代早期，当欧洲经济开始恢复的时候，由各式小型汽车厂家组成的汽车工业只占世界汽车生产的13.8%，而北美占到85.1%。后来，欧洲汽车厂商改进国内生产的产品，以适宜各国大不相同的市场情况。例如，意大利国民收入低，燃料税率高，人们集中在街道狭窄、停车条件受限制的古老城市，这些条件结合起来导致消费者需求集中在小型汽车。再如，瑞典燃料税低，国民收入高，城市人口密度小，冬天的驾驶条件恶劣，消费者需要大而耐寒的车辆，耗费更多的燃料也在所不惜。当时，许多欧洲制造商也在寻求对不同设计要求的多样化技术答案。有的偏爱功率大的发动机，有的设计别出心裁的气缸，有的使用后置式发动机，也有的集中研究前悬挂式发动机和后轮驱动。竞争的领域不仅表现在组合车身的设计上，而且连柴油发动机和汽油发动机的性能的设计也在其中。

与此相反，北美的汽车生产已经标准化，他们的产品有6～8个气缸，前置发动机后轮驱动，烧汽油，采用车架上安装底盘的汽车，目的在于扩大汽车的生产批量，求得更大的经济利益。美国人甚至认为，欧洲的多样化产品是一种挣扎，大量的小型生产厂家出现在市场上根本不可能获得批量生产的优越性。

然而，到20世纪50～60年代，欧洲的关税崩溃后，汽车业的多样化一下子转变成最大的优势。当每一个汽车制造商都能在市场上出售各具特色的产品时，规模经济的优势一下子显现出来。从此，欧洲汽车步入世界前列。

1950年，欧洲汽车产量达到200万辆。到1966年，欧洲汽车产量突破1000万辆，比1955年产量增长5倍，年均增长率达10.6%，超过北美汽车产量，成为世界第二个汽车工业发展中心。到1973年，欧洲汽车产量进一步提高到1500万辆。

20世纪70年代，整个欧洲市场与北美市场具有同等规模。可是，欧洲在生产上已超过北美，它们以多样化的汽车产品占据世界市场。1950～1973年，全世界的关税戏剧性地下降，又有更多的国家对外开放，进行相对自由的贸易，于是欧洲车很快占了优势。此间，美国生产的汽车体积大，耗资多，不适合世界上其他市场的消费者。这也从反面为欧洲车的风行提供了可能。欧洲人利用这个机会把触角伸向了世界各地。欧洲人生产的中低档车如"甲壳虫"，成为美国市场的走俏产品。1958年，欧洲车占美国市场的8.1%，到1970年上升为10.5%。

1973年以后，由于受两次世界石油危机的影响，同时西欧国家已基本普及汽车，随后，东欧经济又出现停滞状态，汽车需求增长势头锐减，欧洲汽车工业进入徘徊和低速增长状态。

1. 神奇的"甲壳虫"

20世纪30年代初，德国经济危机发展到了顶点，失业率剧增，罢工运动高涨，德国政府也不断更迭。1933年，希特勒上台执政。1934年1月17日，著名汽车设计大师费迪南德·波尔舍向帝国政府提交了一份设计——一种新型的能为广大群众买得起的"大众"牌轿车的建议书。费迪南德·波尔舍的建议得到了"汽车迷"希特勒的批准，并迅速投入设计和试制。同时，德国政府提出一项措施计划，筹建了由34万人集资入股的大众汽车公司。在希特勒的亲自过问下，这种大众汽车的外形被设计成甲壳虫状，因而得名"甲壳虫"。

1938年，"甲壳虫"的最后一辆样车完成（图1-1-13）。1939年8月15日，第一批"甲壳虫"汽车问世。随后，由于第二次世界大战爆发，"甲壳虫"牌汽车的生产中断了，这种问世不久的新型汽车战前总共才生产了800辆。

图1-1-13 波尔舍和他的"甲壳虫"汽车

第二次世界大战后，大众汽车公司被盟国监管。1948年，恢复了甲壳虫汽车的生产，但年产量仅为1.9万辆。由于"甲壳虫"汽车结构简单、价格低廉、外形可爱，而第二次世界大战后人们恰好能承受该车的价格，于是其需求猛增。1949年，大众汽车公司归还原联邦德国后，进入稳定发展阶段，甲壳虫汽车开始大批量生产，到1955年，这种颇受市场青睐的"甲壳虫"汽车累计生产量达100万辆，出口到100多个国家。10年后的1965年，由于畅销不衰、购销两旺，其累计产量已达1000万辆。1972年2月17日，"甲壳虫"汽车累计生产15 007 034辆，超过福特汽车公司1908～1927年T型车的产量，创造了新的世界纪录。1974年，"甲壳虫"汽车在生产了近30年之后，由于产品进入不可抵御的衰落期，除在其他分厂和子公司继续以日产3300辆的速度生产外，在大众总部沃尔夫斯堡全部停产。1981年，第2000万辆"甲壳虫"汽车在墨西哥的大众分厂开下了装配线。尽管后来"甲壳虫"汽车被高尔夫新型车所取代，但无论如何，"甲壳虫"车型仍然是世界上最畅销和最流行的车型。

2. 法国的"丑小鸭"

第二次世界大战以后，法国刚从战争的废墟中复苏，法国四大汽车公司（雷诺、雪铁龙、标致和西姆卡）就开始了开发和生产微型轿车的竞争。它们不断开发新车型，采用赊购、降价等方式促销，刺激工薪阶层的购车欲望。

雷诺公司是国营公司，优先利用国家资金开发了多种车型，所以发展最快。雷诺公司的"雷诺4"（图1-1-14）、"雷诺5"，都是当时著名的微型轿车。"雷诺4"可乘四人，排量只有782mL或845mL，发动机输出功率20kW，最高车速110km/h。"雷诺5"的排量仍是845ml，但功率提高到了26.5kW。这两种车型一经问世，就一直畅销不衰。

雪铁龙公司开发的2CV型轿车，以价廉物美受到了普遍的欢迎，被人们喜称为"丑小鸭"（图1-1-15）。

图1-1-14　"雷诺4"

1936年，雪铁龙的董事长皮埃尔·布朗热成立了一个设计组，设计2CV型轿车。该车要能拉上一对农村夫妇，带50kg土豆、一筐鸡蛋，走农村小路，车度60km/h，回到农舍一个鸡蛋也不能破，每百公里油耗3L。它得让中低收入的百姓买得起。

1949年，2CV型轿车开始批量生产。这种车受到了法国和其他国家人

图1-1-15　雪铁龙2CV型轿车

民的普遍欢迎，1950～1955年处于供不应求的状态。到20世纪60年代，其被称为"机械奇迹""商业奇迹""社会奇迹"而享誉全球。它特别受到当时"叛逆"型青年的追求，成为最"时髦"的汽车。2CV型轿车一直生产到1990年，才在法国停产，累计生产了700万辆。

在法国四家公司的竞争下，排量在1L以下的微型轿车十分畅销，在全部轿车的销售量中所占的比重逐年上升。1956年，法国的轿车千人保有量达79.3辆，其中42%为工人阶层所拥有。到1963年，微型轿车在全部轿车销售量中的比例达到了70%的历史最高水平，这时，法国的轿车千人保有量为157辆，实现了轿车进入家庭。

1975年，法国"雷诺4"和2CV两种微型轿车的产量合计达106万辆。直到1983年，法国微型轿车保有量仍然有706万辆，并有十多个微型汽车公司继续生产微型和超微型汽车。

3．英国的"迷你"

第二次世界大战后，英国的汽车生产较早地恢复到了战前的水平。当时，为了争取出口，英国全力发展中高级轿车。从1951年起，英国中高级轿车的出口量逐渐减少，汽车工业才开始转向国内市场，开始发展微型轿车。微型轿车所占的比重逐年上升，在1960年达到46%的历史最高水平。此时英国的轿车千人保有量为105辆，基本上实现了轿车进入家庭。

直到1982年，英国微型轿车在轿车总产量中仍占22%。1983年，英国微型轿车保有量仍然有202万辆，占英国轿车市场的12%。

1948年，由阿历克·伊斯戈尼斯设计的"米诺"诞生了。"米诺"的造型圆润秀美，采用承载式车身、前独立悬架、齿轮齿条转向器。它不仅具有优异的操纵性，而且非常舒适。它从1948年一直生产到1971年，总产量162万辆。10年后，艾斯戈尼斯又设计出了著名的廉价"迷你"微型轿车。

"迷你"微型轿车车长不过3m，4座，排量为1L，发动机输出功率25kW。1959年它刚面世的时候，被许多人认为是"开玩笑的东西"（图1-1-16）。不过，就是这种被人瞧不起的微型汽车，竟在世界著名的蒙特卡洛汽车大奖赛中3次夺魁，这是因为它的质只有630kg，特别灵活。从此，它成了一种受人崇拜的汽车，加上价格低廉，在英国很快进入了普通家庭，各地都可以见到，目前仍在生产。

图1-1-16　英国的"迷你"微型轿车

4．意大利的"米老鼠"

意大利的菲亚特和奥托比安西两大汽车厂家，都是以生产微型汽车而著称的。菲亚特早在1936年，就开发了著名的500"米老鼠"微型轿车。它一直生产到1948年。在1955年，又开发了 600B 型微型轿车（图 1-1-17），4 座，排量 867mL，发动机输出功率 18.4kW，长 3.3m，最高车速 110km/h，很受消费者的欢迎。

图 1-1-17　菲亚特 600B 型微型轿车

第五节　汽车产品低价格时期

汽车产品低价格时期从 20 世纪 70 年代至今。由于 20 世纪 70 年代的石油危机，日本车商以省油耐用的低价格小汽车赢得当时消费者的青睐，至此，世界汽车形成了美、日、欧并存的格局。

日本汽车工业的起源，可以追溯到明治末期。那时的机械工业以初具汽车生产技术能力（以西欧制造厂商的技术能力为基础）的造船公司为主，包括纺织机械制造厂商、铸造厂商开始模仿生产，这为日本汽车的出现提供了条件。

1907 年，吉田真太郎创办的东京汽车制造所制造出第一辆日本国产汽油汽车——"太古里一号"。到了大正时代，日本汽车工业以先增加汽车进口、随后需求量增大的形式逐渐发展起来。它已从昔日皇族、贵族、部分大商店的自备汽车，发展成为用于军事方面和一般市民的交通工具，诸如旧陆军军用汽车、出租小汽车、公共汽车等。

1914 年，介入第一次世界大战的日本对德宣战，军用载货汽车投入军需物资的运输。这样，日本的汽车工业受到部分制造厂商开始生产汽车和陆军研制军用载货汽车的刺激，便向批量生产方向发展。1924 年，美国福特汽车公司率先在横滨设立日本福特公司，在美国风靡一时的福特 T 型车开始在日本装配生产。

1926 年，美国通用汽车公司也在大阪成立了日本通用汽车公司，着手进行雪佛兰等品牌汽车成套部件的生产。因而可以说，早在 20 世纪 20 年代，美国的汽车资本就已渗入了日本市场。为此，日本政府不得不实施行政政策以保护国产汽车制造厂商的利益。这些行政保护政策为扶持形成时期稚嫩的日本汽车工业提供了必要条件。美国两大汽车公司向日本的扩展，给日本的汽车工业带来了重大影响，也决定了欧洲汽车在日本市场的失败。这两家美国公司具有雄厚的资本力量、技术力量和宣传力量，它们积极推行按月付款的销售方式，市场范围波及整个日本，使软弱的日本汽车工业受到压制。这种压制对日本国产汽车制造厂商、部件工业、销售行业是一个巨大的冲击，从而导致了日本具有历史意义的第一次汽车革命。在此历史背景下，丰田喜一郎在其父丰田佐吉创办的丰田自动织机公司的基础上，于1937年创建了日后举世闻名的著名企业——丰田汽车公司。

第二次世界大战结束后，日本作为战败国，轿车生产被美国占领军司令部禁止，载货汽车生产也只限于使用配给的原材料。1948年美占领军对轿车生产限制的解除和1950年抗美援朝战争的爆发为日本汽车工业的复苏注入了强心剂，美军向日本汽车制造公司的大量订货，给日本汽车工业带来高额利润，同时也逐渐完备了日本国产汽车的年产量。

1973年，举世震惊的第一次石油危机爆发后，在美国，用户对汽车的需求发生了变化，日本生产者准备的小型、省油、价廉的汽车受到青睐。20世纪60年代初期，日本车刚打入美国市场时，售价相当低（甚至到了保不住成本的地步），但是后来，日本汽车制造商独创了欧美汽车厂商所没有的生产系统，孕育出了举世闻名的日本汽车生产体系。这种被称为"品管运动""即时化""总体品管活动"的生产方法，在极短的时间里生产出了质量好、性能高、价格低廉的小型汽车。于是，1968~1970年，日本汽车在竞争压力颇大的美国市场中脱颖而出，顺利实现了快速增长的目标。

日本实现了汽车国内销售量和出口量双高速增长，迎来了日本汽车工业高速发展，创造了世界汽车工业发展的奇迹。1960年，日本汽车产量仅16万辆，远远低于当时美国及西欧各主要汽车生产国的水平。但到1967年，日本汽车产量即达到300万辆，超过欧洲各主要汽车生产国的产量，居世界第二位；到1980年，日本汽车产量达到1100万辆，超过美国的汽车产量，跃居世界第一位。日本成了继美国和欧洲之后，世界上第三个汽车工业发展中心。

第二章　中国汽车发展史

中国的汽车工业从诞生到现在经历了若干发展阶段，从日本侵略者占领下的早期发展阶段，到如今中国汽车生产商已赢得了自己的一席之地，并向历史悠久的跨国巨头发起了挑战。与20世纪的中国历史一样，中国汽车工业在过去的100多年里也同样历经了几番起伏。

第一节　中华人民共和国成立前的汽车发展

1901年，一个叫李恩思的匈牙利人将两辆美国生产的奥兹莫比尔汽车从中国香港运到上海，从此中国开始出现汽车。我国现在保存最早的汽车——存放在颐和园的慈禧太后的座驾（图1-2-1）被人冠以"中国第一车"的美名。这是袁世凯1902年从香港购买，赠给慈禧的厚礼。

其时，慈禧经历了庚子年间八国联军之乱，偕同光绪皇帝微服逃窜至西安避乱，直至签订了屈辱的《辛丑条约》，才回到北京。此次，慈禧对袁世凯护驾有功甚为欣赏，晋升他为直吏总督。袁世凯更是感恩戴德，为取悦慈禧，就进贡了这辆时髦的名牌洋车。

该车是德国本茨公司1898年的产品，设有4个座位，发动机在前排底座下方，通过链条驱动后轮。汽车的造型还算气派，但谈不上豪华，采用开式车身，6根垂直的杆子支起一个精美的顶棚，车头还挂着两盏精美的黄铜煤油灯，更为出色的是钢板弹簧悬架和4只充满气体的轮胎大大提高了汽车的平顺性。尽管袁世凯为这件贡品费尽心思，但慈禧并不喜欢这件贡品，黑色的车身在西方人眼里威严庄重，但比不上她心目中象征至高无上皇权的金黄色，汽车座位的式样和侧面的线条很容易使人联想起当时在中国已逐渐盛行的黄包车，汽车后面的座位较高。慈禧穿着

图1-2-1　袁世凯送给慈禧的奔驰第二代汽车

高底的旗鞋实在无法爬上去，侍从好不容易才把她抬上去，然而宫廷内到处是高大的门槛使汽车无法行驶，在宫廷外这辆车也远不如前呼后拥的十六抬大轿显得威风凛凛。更令"老佛爷"不能容忍的是驾驶员竟然大模大样地坐在她前面，这使她感到有失体面，于是她下令驾驶员孙长富跪着给她开车。这辆车不仅是文物，也是历史的一面镜子。

1903年以后，上海已陆续出现了从事汽车或零部件销售、汽车出租的洋行。1929年汽车进口量已达8781辆，世界各国汽车蜂拥而入，1930年中国汽车保有量为38 484辆，却没有一辆国产汽车，不少有识之士都想制造中国的汽车，可是限于当时的情况，都没能实现。

孙中山先生1912年在江阴视察江防工作时，曾作了"关于道路与自动车建设"的专题报告，阐明了修筑公路、开办长途客货汽车运输对货物流畅、便利交通、发展经济的重要作用。孙中山先生在1920年发表的《建国方略》一书中讲道："……最初用小规模，而后用大规模，以供四万万人需要。所造之车当用于各种用途，为农用车、商用车、旅行用车、运输用车等。一切车以大规模制造，实可较今更廉，欲用者皆可得之。"

1928年，张学良在东北易帜后，要化兵为工，在辽宁迫击炮厂成立了民用工业制造处（后改称为辽宁民生工厂），试制汽车。中国人当时还没有生产汽车的经验，于是聘请了美国人为总工程师。1929年3月，民生工厂引进了一辆美国"瑞雷号"汽车进行装配试验，并以该车为样板，于1931年试制成功了一辆命名为"民生牌"的75型汽车，它开辟了中国人试制汽车的先河。可惜第二辆汽车还没制造出来，"九·一八"事变爆发，东北三省被日本占领。

继"民生牌"汽车以后，20世纪30年代国产汽车试制工作在国内许多地方进行，但均以失败告终。中华人民共和国成立前的造车梦毁于统治者的腐败无能，毁于帝国主义的硝烟战火。中华人民共和国成立后，才建立和发展了中国的汽车工业。

第二节　中华人民共和国成立后的汽车工业

中华人民共和国成立后的汽车工业，与共和国共命运，经过半个多世纪的努力，发生了天翻地覆的变化。从一个曾经是"只有卡车没有轿车""只有公车没有私车""只有计划没有市场"的汽车工业，终于形成了一个种类比较齐全、生产能力不断增长、产品水平日益提高的汽车工业体系。中国汽车工业半个多世纪以来走过的路程，一步一个脚印，处处印证着各个历史时期的时代特色，经历了从无到有、从小到大，创建、成长和全面发展3个阶段。

一、创建阶段（1953～1965）

1953年7月15日，第一汽车制造厂在长春打下了第一根桩，从而拉开了中华人民共和国成立后汽车工业筹建工作的帷幕（图1-2-2）。国产第一辆汽车于1956年7月13日驶下总装配生产线。这是由第一汽车制造厂生产的"解放牌"载货汽车（图1-2-3和图1-2-4），它结束了中国不能制造汽车的历史，圆了中国人自己生产国产汽车之梦。

第一汽车制造厂是我国第一个汽车工业生产基地，同时也决定了中国汽车业自诞生之日起就重点选择以中型载货车、军用车及其他改装车（如民用救护车、消防车等）为主的发展战略，因此使中国汽车工业的产业结构从开始就形成了"缺重少轻"的特点。

1957年5月，第一汽车制造厂开始仿照国外样车自行设计轿车；1958年先后试制成功CA71型"东风牌"小轿车（图1-2-5）和CA72型"红旗牌"高级轿车（图1-2-6）。同年9月，又一辆国产"凤凰牌"轿车在上海诞生。"红旗牌"高级轿车被列为国家礼宾用车，并用作国家领导人乘坐的庆典检阅车。"凤凰牌"轿车参加了1959年国庆十周年的献礼活动。

1958年以后，中国汽车工业出现了新的情况，由于国家实行企业下放，各省市纷纷利用汽车配件厂和修理厂仿制和拼装汽车，形成了中国汽车工业发展史上第一次"热潮"，形成了一批汽车制造厂、汽车制配厂和改装车厂，汽车制造厂由当初（1953年）的1家发展为16家（1960年），维修改装车厂由16家发展为28家。其中，南京、上海、北京和济南共4个较有基础的汽车制配厂，经过技术改造成为继第一汽车制

图1-2-2　第一汽车制造厂外景

图1-2-3　解放CA10型载货汽车

图1-2-4　中国第一辆载货汽车出厂情景

图1-2-5　东风CA71型轿车

造厂之后第一批地方汽车制造厂，发展汽车品种（图 1-2-7 和图 1-2-8），相应建立了专业化生产模式的总成和零部件配套厂。

图 1-2-6　红旗 CA72 型轿车

图 1-2-7　南京汽车制造厂生产的跃进 NJ130 型轻型载货汽车

图 1-2-8　上海汽车制造厂生产的上海 SH760 型轿车

各地方发挥自己的力量，在修理厂和配件厂的基础上进行扩建和改建所形成的地方汽车制造企业，一方面丰富了中国汽车产品的构成，使中国汽车不但有了中型车，而且有了轻型车和重型车，还有各种改装车，满足了国民经济的需要，为今后发展大批量、多品种生产协作配套体系打下了初步基础；另一方面，这些地方汽车制造企业从自身利益出发，片面追求自成体系，从而造成整个行业投资严重分散和浪费，布局混乱，重复生产的"小而全"的畸形发展格局，为以后汽车工业发展留下了隐患。

进入 20 世纪 60 年代，国民经济实行"调整、巩固、充实、提高"方针，在国家和省市支持下，力求探索汽车工业管理的改革，国家决定试办汽车工业托拉斯，实施了促进汽车工业发展的多项举措,60年代中期工业托拉斯停办。与此同时,汽车改装业起步,重点发展了一批军用改装车。民用消防车、救护车、自卸车和牵引车相继问世,并为社会经济发展提供了城市、长途和团体这三大类客车。1966年以前,汽车工业共投资11亿元,主要格局是形成一大四小5个汽车制造厂及一批小型制造厂,年生产能力近6万辆、9种车型。1965年年底,全国民用汽车保有量近29万辆,国产汽车17万辆(其中一汽累计生产15万辆)。

二、成长阶段(1966～1980)

1964年,国家确定在三线建设以生产越野汽车为主的第二汽车制造厂,第二汽车制造厂是我国汽车工业第二个生产基地,与第一汽车制造厂不同,第二汽车制造厂是依靠我国自己的力量创建起来的工厂(由国内自行设计、自己提供装备),采取了"包建"(专业对口老厂包建新厂、小厂包建大厂)和"聚宝"(国内的先进成果移植到第二汽车制造厂)的方法,同时在湖北省内外安排新建、扩建26个重点协作配套厂。第二汽车制造厂拥有约2万台设备、100多条自动生产线,只有1%的关键设备是引进的。第二汽车制造厂的建成,开创了中国汽车工业以自己的力量设计产品、确定工艺、制造设备、兴建工厂的先河,检验了整个中国汽车工业和相关工业的水平,标志着中国汽车工业上了一个新台阶。

与此同时,四川汽车制造厂、陕西汽车制造厂和与陕西汽车制造厂生产配套的陕西汽车齿轮厂,分别在重庆市大足县和陕西省宝鸡市(现已迁西安)兴建和投产,主要生产重型载货汽车和越野汽车。20世纪60年代中后期,国家提出"大打矿山之仗"的决策,矿用自卸车成为其重点装备,上海32t(图1-2-9)试制成功投产之后,天津15t、常州15t、北京20t、第一汽车制造厂60t(后转本溪)和甘肃白银42t电动轮矿用自卸车也相继试制成功投产,从而缓解了冶金行业采矿生产装备需要。为适应国民经济发展对重型载货汽车的需求,济南汽车制造厂扩建"黄河牌"8t重型载货汽车的生产能力,安徽、河南、辽宁、黑龙江和湖南等地方汽车也投入同类车型生产。邢台"长征牌"12t重型载货汽车(源于北京新都厂迁建)、上海15t重型载货汽车投产问世。

图1-2-9 1969年10月,我国第一台32t矿用自卸车在沪问世

在此期间，第一汽车制造厂、南京汽车制造厂、上海汽车制造厂、北京汽车制造厂和济南汽车制造厂5个老厂分别承担了包建和支援三线汽车厂（二汽、川汽、陕汽和陕齿）的建设任务，其自身投入技术改造扩大生产能力。地方发展汽车工业，大部分仿制国产车型重复生产。据粗略统计，"解放牌"车型20多家，北京130车型20多家，跃进车型近20家，北京越野车近10家。改装零产件品种增多，厂家增加到2 100家。

这一时期全国汽车供不应求，再加上国家再次将企业下放给地方，造成中国汽车工业发展的第二次热潮。1976年，全国汽车生产厂家增加到53家，专用改装厂增加到166家，但每个厂平均产量不足千辆，大多数处于较低水平。从1964年起，上海汽车厂批量生产了"上海牌"（原"凤凰牌"）轿车，逐渐形成5 000辆的年产水平，同时，上海一批零部件厂和附配件厂也随着汽车工业的发展而相继成长。

汽车工业经过这一阶段的摸索成长，1980年生产22.2万辆，是1965年产量的5.48倍；1966～1980年生产中类汽车累计163.9万辆；汽车生产向多品种、专业化发展，生产厂点近200家；1980年生产大中轻型客车1.34万辆，其中长途客车6 000多辆；1980年全国民用汽车保有量169万辆，其中载货汽车148万辆。

三、全面发展阶段（1981年至今）

在改革开放方针指引下，汽车工业进入全面发展阶段。汽车老产品（解放、跃进、黄河车型）升级换代，结束30年一贯制的历史；调整商用车产品结构，改变"缺重少轻"的生产格局；引进技术和资金，建设轿车工业，形成生产规模；行业管理体制和企业经营机制改革，汽车车型品种、质量和生产能力大幅增长。在这些年中，中国汽车工业发生了大变革，中国汽车工业进入一个新时代。

第二篇

知名汽车品牌

| 阿巴斯 | 威麟 | 大宇 | 迈凯轮 | 特威尔 | Elin |

| 法波德 | 双龙 | 土星 | 博通 | 金杯 | 神龙 |

| 大众 | 宝马 | 奔驰 | 奥迪 | 保时捷 | 兰博基尼 |

| 法拉利 | 福特 | 路虎 | 悍马 | 劳斯莱斯 | 凯迪拉克 |

| 丰田 | 玛莎拉蒂 | 英菲尼迪 | 本田 | 比亚迪 | 中国一汽 |

| 日产 | 别克 | 马自达 | 雷克萨斯 | 宾利 | 沃尔沃 |

第一章 美国汽车公司

从 20 世纪初到现在，美国汽车工业已有超过 100 多年的历史，其在与同行的激烈竞争中不断创新发展，迎合消费者对汽车造型和性能的需求，主宰了世界汽车工业，成为名副其实的汽车大国、工业大国。

第一节 通用汽车公司

通用汽车公司是世界上最大的汽车公司，年工业总产值 1000 多亿美元。它是由威廉·杜兰特于 1908 年 9 月在别克汽车公司的基础上发展起来的，成立于美国的汽车城底特律，现总部仍设在底特律。在 2017 年 6 月份发布《财富》杂志中，通用汽车公司在美国 500 强排行榜中居 18 位，在 2018 年世界 500 强排行榜中居 21 位。它在美国及世界各地雇员达 80 万人，分布在世界上 40 个国家和地区，通用家族每年的汽车总产量达 900 万辆。

通用汽车公司的标志取自其英文名称（General Motors Corporation）中前两个单词的第一个字母，如图 2-1-1 所示。各车型商标都采用了公司下属分部的标志，而"GMC"图案商标则成为通用汽车公司载货车的专用标志。

公司主要品牌及汽车标志如下。

1902 年，威廉·杜兰特组建了早期的通用汽车公司。后经威廉·杜兰特的几番努力，先后联合或兼并了别克、凯迪拉克、雪佛兰、奥兹莫比尔、奥克兰、庞蒂克等公司，成立了当今规模巨大的美国通用汽车公司，使原来的各个小汽车公司成为该公司的分部，从而使公司下属的分部达 30 余个。之后，又建立了土星分部，拥有了悍马，还相继控股了日本富士重工、韩国大宇、德国欧宝及瑞典绅宝。通用家族组成如图 2-1-2 所示。

别克系列是通用最早进入中国并实现国产化的车型，至今仍然在市场中保持极高的占有率；凯迪拉克曾是国人追逐豪华尊贵感受的首选车型。

图 2-1-1 通用汽车标志

图 2-1-2 通用家族组成

一、凯迪拉克

凯迪拉克汽车公司建于 1902 年,创建人是利兰得。1909 年,利兰得把公司卖给了通用汽车公司。凯迪拉克汽车标志主要由冠和盾组成。冠象征着凯迪拉克家族的纹章,冠上 7 颗珍珠喻示皇家贵族血统。盾象征着凯迪拉克军队的英勇善战。盾分为四个等分。第一和第四等分是门斯家族的全底纹章,意味着三位一体的神圣,还意味着大胆和热情的基督教武士智慧的头脑和它完美的品德;第二和第三等分是有两相互交叉的褐色棒,表示十字军战士在遥远的战场上富有骑士般的勇猛。四等分内的色彩代表了凯迪拉克家族广阔的土地,红色标志着行动的勇敢;银色表示团结、博爱、美德和富足;黑色表示智慧;金黄色表示丰收和富有;蓝色表示创新和探险。图 2-1-3 为凯迪拉克早期和现代的车标。此标志也比喻凯迪拉克汽车的高贵、攻无不克,比喻凯迪拉克牌汽车具有巨大的市场竞争力。

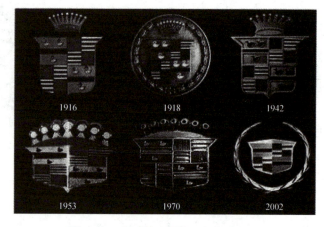

图 2-1-3 凯迪拉克早期和现代的车标

二、庞蒂克

庞蒂克汽车公司原为奥克兰汽车公司，建于 1907 年 8 月 28 日，创建人是爱德华·墨菲。1909 年加入通用汽车公司，自 1932 年 3 月 6 日起正式启用庞蒂克汽车部这一名称，主要生产轿车和跑车。

庞蒂克汽车标志是带十字标记的箭头，象征庞蒂克汽车部是通用的一部分，也象征庞蒂克安全可靠。箭头则代表庞蒂克的技术超前和攻关精神，如图 2-1-4 所示。

图 2-1-4　庞蒂克汽车标志

三、雪佛兰

雪佛兰汽车部是通用汽车公司的最大部分。雪佛兰分部除生产大众化车型外，还生产知名的运动型跑车——克尔维特，这一车名沿用的是 17～18 世纪欧洲一种炮舰的名称。

雪佛兰（Chevrolet）汽车标志由图形和文字两部分组成，如图 2-1-5 所示。图形部分采用变形化了的蝴蝶领结，象征着雪佛兰汽车的大方、气派和风度。雪佛兰的创建者之一威廉·杜兰特看报纸时设计了这个图形，后又从巴黎酒店的墙上获得灵感，受到了法国古老壁挂的启发，对其进行了简化，并于 1914 年首次使用。

图 2-1-5　雪佛兰汽车标志

四、奥兹莫比尔

奥兹莫比尔汽车公司由兰索姆·奥兹于 1897 年 8 月 21 日建立。1904 年，奥兹莫比尔汽车公司成为第一家出口汽车的美国汽车厂商，产品销往 18 个国家。1908 年 11 月 12 日，奥兹莫比尔汽车公司并入通用汽车公司，更名为奥兹莫比尔汽车分部。图 2-1-6 为早期的奥兹莫比尔轿车。

图 2-1-6　早期的奥兹莫比尔轿车

第二篇 知名汽车品牌

图 2-1-7 奥兹莫比尔汽车标志

奥兹莫比尔汽车标志为在一个红色底面上有一架简化了的飞机，周围绘有白色、黄色花边。简化了的飞机也像一个箭头，既象征汽车像飞机那样快速而舒适，也代表着公司积极向上和勇往直前的创新精神，如图 2-1-7 所示。

五、土星

土星汽车分部是通用汽车公司为推行"土星计划"于 1985 年建立的分部。土星汽车分部设在美国田纳西州春山市，是通用汽车公司下属的全资子公司之一，1992 年土星轿车正式投产。土星（Saturn）是通用汽车公司最年轻的品牌，不存在背历史包袱、有损传统的顾忌，以市场需求为准绳，创新立异轻装上阵，在外观上和性能上有所创新，在价格上有优势。因此土星主宰了美国价格便宜的紧凑型汽车市场。

土星汽车标志由图形和文字组成，如图 2-1-8 所示。"SATURN"是土星的英文名。土星是太阳系中的一颗行星，体积是地球的 755 倍，有一条美丽的光环围绕着它，汽车标志中的图案表现了这颗行星的局部。在红色背景前，显出了两条星球运行的轨迹，也像高分子运行的轨迹。其含义在于开发高科技材料，追求高科技产品、新成果的结晶。

图 2-1-8 土星汽车标志

六、别克

1903 年，大卫·别克创建了别克汽车公司。1908 年它的产量达到 8820 辆，居美国第一位，并以别克汽车公司为核心成立了通用汽车公司。别克汽车分部是通用汽车公司的第二大部门。别克汽车具有功率大、个性化、实用性和成熟的特点。

别克汽车的标志图案是 3 把不同颜色并依次排列在不同高度位置上的利剑，给人一种积极进取、不断攀登的感觉，表示别克汽车采用顶级技术、刃刃见锋；也表示别克汽车分部培养出的人才个个游刃有余，是无坚不摧、勇于攀登的勇士，如图 2-1-9 所示。

图 2-1-9 别克汽车标志

七、绅宝

绅宝（SAAB）也译为"萨伯"。1990 年，美国通用汽车公司以 6 亿美元购入了绅宝汽车公司 50% 的股份，成为最大的控股公司，在此强大的经济与技术支持下，绅宝公司如虎添翼，设计出的 SAAB 汽车多次荣获世界大奖，成为通用汽车公司在欧洲生产豪华汽车的基地。1995 年，绅宝公司又分成"SAAB"（绅宝）和"SCANIA"（斯堪尼亚）两个独立的汽车公司。

绅宝汽车标志的下方为"SAAB"字样，上方为一头戴皇冠的狮子头像。在瑞典王国，皇冠象征着尊严与权威的至高无上；狮子则是欧洲人崇尚的权力与力量的象征。以此来喻示该车的高贵与显耀。"SAAB"是轿车的车名和标志，标在轿车尾部，圆形汽车标志则嵌在每辆汽车的车头上，如图 2-1-10 所示。

图 2-1-10　绅宝汽车标志

八、欧宝

欧宝汽车公司建于 1862 年，是以创建人阿德姆·奥贝尔（欧宝）的姓氏命名的。1929 年美国通用汽车公司收购了欧宝公司 80% 的股份，使其成为通用汽车公司在德国的子公司，但欧宝汽车公司仍保留了自己的设计风格，生产适应欧洲市场的车型。欧宝汽车公司十分注重空气动力学方面的研究，其生产的轿车具有很低的风阻系数。

欧宝汽车公司的标志为"闪电"图案，喻示汽车风驰电掣，同时也炫耀它在空气动力学方面的研究成就，如图 2-1-11 所示。

图 2-1-11　欧宝汽车标志

九、悍马

20 世纪 80 年代，美国陆军决定研制一种通用型的四轮驱动轻型载货汽车，主要目的是取代当时比较落后的多型号军车，将多种型号的车辆统一成单一型号的车辆，以降低采购成本、简化备件供应和维修。1981 年，其开始向美国各大车厂招标，结果 AMG 公司凭借长期生产军用车辆的经验优势中标，并很快制造出样车，取名 Hmmwv。其通过了 32 000km 的行驶测试。1983 年，美国军方与 AMG 公司签订了首批供应 5.5 万辆悍马的合同。悍马曾参加了海湾战争"沙漠风暴行动"，承担人员和物资的运输任务。战后美国五角大楼公布战事的最终报告称："悍马车满足了一切要求，或者说超出了人们的要求，显示了极好的越野机动性能，其可用性超过了陆军的标准。"图 2-1-12 所示为军用版悍马 H1。

图 2-1-12　军用版悍马 H1

悍马的车标就是 Hummer，这是民用版的叫法，军用版叫作"HMMWV"，是高机动多用途轮式车 high mobility multi-purpose wheeled vehicle 的简写。hummer 的英文意思是蜂鸟，用这个世界上最小的鸟命名这个庞然大物，也许是为了暗示其非常灵巧的操控性能。图 2-1-13 所示为悍马汽车标志。

图 2-1-13　悍马汽车标志

第二节　福特汽车公司

福特汽车公司总部设在底特律市，是以生产汽车为主，业务范围涉及电子、航空、钢铁和军工等领域的综合性跨国垄断工业集团。今天福特汽车公司仍然是世界一流的汽车企业。福特汽车公司拥有的汽车品牌有福特、林肯、水星、阿斯顿·马丁、捷豹、马自达、沃尔沃和路虎。此外，福特汽车公司还拥有世界最大的汽车信贷企业——福特信贷（Ford Financial）、全球最大的汽车租赁公司——赫兹（Hertz）及汽车维修公司——Kwik-Fit。图 2-1-14 所示为福特家族组成。

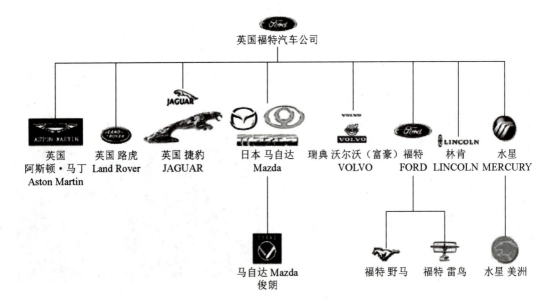

图 2-1-14　福特家族组成

第一章　美国汽车公司

公司主要品牌及汽车标志如下。

一、福特

福特汽车标志采用福特英文 Ford 字样，蓝底白字。由于创建人亨利·福特喜欢小动物，所以标志设计者为了迎合亨利·福特的嗜好，就将英文 Ford 设计成形似奔跑的小白兔的形象。犹如在温馨的大自然中，一只活泼可爱的小白兔正在矫捷潇洒地向前飞奔，象征着福特汽车飞奔世界各地，令人爱不释手，如图 2-1-15 所示。

图 2-1-15　福特汽车标志

二、林肯

林肯是福特汽车公司拥有的第二个品牌。林肯汽车公司是由利兰得于 1917 年 8 月创建的，当时他已经 74 岁。1919 年年底，林肯汽车公司造出了样车，并以美国第 16 任总统林肯的名字给汽车命名。1922 年 2 月 4 日，福特汽车公司收购了林肯汽车公司，使其成为福特汽车公司林肯分部，专门生产高级豪华型轿车，成为福特高级轿车生产基地。

林肯汽车标志是由一颗闪闪发光的辰星和一个近似矩形的外框组成的图案。它表示林肯总统是美国联邦统一和废除奴隶制的启明星，也喻示林肯轿车有光辉灿烂的明天，如图 2-1-16 所示。

图 2-1-16　林肯汽车标志

三、水星

水星品牌是福特汽车公司自创的第三个品牌。1935 年，亨利·福特之子埃兹尔·福特意识到经济型的福特车和豪华型的林肯车之间仍存在市场机会而提议建立一条中档车生产线，于是 1936 年成立了水星部，进军中档车市场。1938 年 10 月，水星产品正式推出，水星品牌的独特之处在于它是福特汽车公司唯一自创的品牌。

水星汽车采用太阳系的水星作为汽车标志，在一个圆中有 3 条行星轨道，使名车寓意更加贴切，表明水星汽车具有太空科技和超时空创造力。默寇利（Mercury）在罗马神话中是主管商业与道路之神，象征公司的气派和用意：天下道路为我修筑，人间商业由我主管，如图 2-1-17 所示。

图 2-1-17　水星汽车标志

四、捷豹汽车公司

捷豹汽车公司原是英国利兰汽车公司的分部,素以生产豪华的运动车而闻名于世。于1989年被美国福特汽车公司买下,成为美国福特汽车公司的子公司,专门生产高级运动车,总部设在英国考文垂。2008年,美国面临着历史上最大的一次金融危机,福特已连续几年亏损,不得已出售了捷豹公司。目前,捷豹这个品牌属于印度的塔塔汽车公司。

最早出现在捷豹运动车上的标志是一只扑跃向前的美洲豹金属雕像,矫健而勇猛,安放在车头上,十分神气,象征着速度与力量。以后又出现了一种美洲豹的浮雕头像,怒目咆哮,盛气凌人,成为捷豹运动车的另一种标志,它体现了该车的名贵和公司的雄心勃勃,如图2-1-18所示。

图2-1-18 捷豹汽车标志

五、阿斯顿·马丁

阿斯顿·马丁·拉贡达公司是由阿斯顿、马丁、拉贡达3家公司合并而成的,以生产敞篷旅行车、赛车和限量生产的跑车而闻名世界。阿斯顿·马丁是英国豪华轿车、跑车生产厂,建于1913年,创始人是莱昂内尔·马丁和罗伯特·班福德。公司设在英国新港市,后为美国福特汽车公司子公司。

阿斯顿·马丁·拉贡达汽车标志为一只展翅飞翔的大鹏,分别注有Aston Martin, Lagonda英文字样。阿斯顿·马丁车标用于双门跑车,拉贡达车标用于四门轿车,其他阿斯顿·马丁车系的跑车,皆以"V"字母开头,以表示追求胜利和荣誉的建厂精神历久弥新。飞翔的大鹏展翅车标喻示该公司像大鹏一样,具有从天而降的冲刺速度和远大的志向,如图2-1-19所示。

图2-1-19 阿斯顿·马丁汽车标志

六、兰德·路虎

罗孚(Rover)汽车公司的前身是建于1884年的自行车制造厂,其生产自行车时就使用"罗孚"作商为标名。1904年,其开始生产汽车,仍以"罗孚"为汽车品牌。1966年,罗孚汽车公司并入利兰汽车公司,成为利兰公司的美洲虎-罗孚-凯旋部,1988年被英国航空公司收购,1989年正式更名为罗孚集团,1990年又与日本本田汽车公司在技术和资金上进行合作,1994年被德国宝马公司接管。该集团生产的汽车产品分为3类：越野车、轿车和MG跑车。"罗孚"一词来自北欧一个勇敢善战的海盗民族，因此汽车车标采用了一艘海盗船，张开的红帆象征着公司乘风破浪、所向披靡的大无畏精神，如图2-1-20所示。

后来，眼看罗孚品牌振兴无望，宝马公司将罗孚以10英镑地价格象征性地出售给了英国财团，仅保留了其越野车品牌和生产部门，这就是兰德·路虎。它自1947年在英国诞生后，已先后4次被英国皇室授予荣誉证书，被誉为全球SUV第一品牌。2000年3月，福特汽车公司向宝马集团支付30亿欧元（27亿美元），以购买其所有四轮驱动系列产品。在福特接手的几年中，路虎并没有给它带来什么效益。2008年，深陷危机的福特公司将它同捷豹公司一起出售给了印度塔塔汽车公司。

图2-1-20　罗孚汽车标志

兰德·路虎是全球著名的越野汽车，标志就是英文LAND-ROVER，如图2-1-21所示。路虎越野车有4个系列，即神行者（FreeLander）、卫士（Defender）、发现（Discovery）和揽胜（RangeRover）。其越野性能最好的是卫士，最豪华的是揽胜。

图2-1-21　兰德·路虎汽车标志

七、沃尔沃

沃尔沃汽车公司是由A·盖布里埃尔松和G·拉松于1927年创建的。它生产的轿车素以安全、优质而著称。沃尔沃汽车公司除了大客车和各种载货车在北欧占绝对统治地位外，它的轿车在世界上也颇具名气。沃尔沃轿车以造型简洁、内饰豪华舒适闻名，更以良好的安全性能享誉国际车坛。1959年，沃尔沃公司在世界上首先将安全带作为轿车的标准配置，现其已被各国的汽车公司所接受，许多国家还将此列入法律条款，规定驾驶或乘坐轿车时，必须系上安全带。

沃尔沃集团名称"Volvo"，来源于拉丁文，意思是滚动向前，它的汽车标志就像一只滚动的车轮并有指向右上方的箭头，象征着公司兴旺发达、前途无量，如图2-1-22所示。沃尔沃汽车的散热器罩上还有一根传统的斜线，"支撑"着矩形的散热器罩，似乎在告诉人们，它的安全性毋庸置疑。

图2-1-22　沃尔沃汽车标志

八、马自达

马自达汽车公司创立于1920年，1931年正式开始在广岛生产小型载货车，20世纪60年代初正式生产轿车，1981～2002年，马自达已累计生产了3500多万辆汽车。在20世纪90年代之前，马自达汽车公司始终在日本国内排名仅次于丰田、日产，是世界知名的日本汽车品牌之一。

1995年，该公司首度出现经营性巨额亏损并一直持续了6年。此时，美国福特公司购买了马自达公司33.4%股份，通过实施"新千年计划"，使公司的发展进入了一个新的阶段。

马自达公司与福特公司合作之后，采用了新的汽车标志，即椭圆中有一只展翅飞翔的海鸥，同时又组成"M"字样，"M"是"Mazda"的第一个大写字母。崭新的设计图案意味着马自达要展翅高飞，不断实现技术突破，以无穷的创意和真诚的服务，勇攀车坛顶峰，迈向新世纪，如图2-1-23所示。

图 2-1-23　马自达汽车标志

第三节　克莱斯勒汽车公司

克莱斯勒汽车公司是美国第三大汽车公司，由沃尔特·克莱斯勒于1925年创立。该公司在全世界许多国家设有子公司，是一个跨国汽车公司；公司总部设在美国底特律。

克莱斯勒汽车的标志是一枚授勋的奖章，体现了克莱斯勒家族和公司员工们的远大理想和抱负及永无止境的追求和在竞争中获胜的奋斗精神，又像是蓝色五边形被白色五角星分割成的5个部分，寓意亚、非、欧、美、澳五大洲一定会成为克莱斯勒公司的汽车市场，如图2-1-24所示。

图 2-1-24　克莱斯勒车标

公司主要品牌及汽车标志如下。

一、克莱斯勒系列

在1931～1934年生产的车型上，你还能看到飞翔标志的后面雕刻着一只栩栩如生的待飞的瞪羚，十分精致可爱。克莱斯勒公司在20世纪30～50年代后期，一直沿用这种安装在发动机罩上的飞翔装饰。1951年，为庆祝新型180PS、V8发动机的诞生，这个标志被改为圆形，曾经风靡一时。金色的徽章代表质量，圆圈代表车轮，闪电代表活力。1957年以后，该公司不再使用此标志。1997年，银色的飞翔标志和金色的徽章又重新

第一章 美国汽车公司

被采用,重新设计的克莱斯勒飞翼标将这两种图案融合在一起,既包含了克莱斯勒品牌在内的圆形标志,又增加了一对展开的翅膀,象征着克莱斯勒的欣欣向荣,如图 2-1-25 所示。

图 2-1-25　克莱斯勒汽车标志

二、道奇系列

约翰·道奇和霍瑞斯·道奇兄弟在 1914 年以 500 万美元的投资组建了道奇兄弟公司。在此之前,道奇是福特公司的主要供货商,它制造了福特汽车公司第一批汽车中的大部分,包括发动机、底盘和所有的传动部件。克莱斯勒公司于 1928 年收购了道奇兄弟公司,使其成为克莱斯勒汽车公司的一个分部。道奇部是克莱斯勒汽车公司中级轿车生产分部,主要生产运动式车型,顶级车型为蝰蛇型跑车。此外,道奇部还生产豪华四门轿车、多用途车和双门运动轿车。

"道奇"的文字标志采用道奇兄弟的姓氏"Dodge",图形标志是在一个五边形中有一羊头形象,在汽车上使用小公羊、大公羊两个标志,如图 2-1-26 所示。该标志象征"道奇"车强壮彪悍、善于决斗,表示道奇部的产品朴实无华、美观大方。

图 2-1-26　道奇汽车标志

三、顺风系列

普利茅斯也称顺风,是美国克莱斯勒汽车公司的一个分部,1928 年被克莱斯勒汽车公司收购。普利茅斯是当年英国向美国迁移僧侣的港口,顺风部的产品就用普利茅斯来命名。其图形标志用僧侣曾乘坐过的帆船"珠夫拉瓦"号的船图案,体现了普利茅斯的创造精神,如图 2-1-27 所示。

1959 年,世界上第一辆普利茅斯车 Valiant 问世。20 世纪 80 年代,质量低、个性缺乏、设计保守等缺点使其销售大幅下降。1995 年,为拯救经典品牌,克莱斯勒汽车公司投入大量资金,改变标志,重新设计系列款型,但最终未能挽救普利茅斯品牌,2002 年夏这一著名的品牌终于随风而逝。

图 2-1-27　普利茅斯汽车标志

四、飞鹰 – 吉普系列

1980年，原美国汽车公司被克莱斯勒汽车公司兼并后，成立了飞鹰 – 吉普部。鹰在美国被喻为神鸟，也是对著名战斗机驾驶员的俗称，象征着矫健、强悍和自豪。对吉普部采用鹰的名称，表示该部具有雄鹰的优秀品质，能勇攀技术高峰，如图 2-1-28 所示。

切诺基 – 吉普车是克莱斯勒汽车公司飞鹰 – 吉普部生产的越野车，切诺基取自美洲印第安部族切诺基土人。他们世代居住在山区，由于生活和狩猎的需要，他们擅长在山地攀行，以此表示"切诺基"汽车能攀过岩石、涉过泥沙，征服任何艰难险阻，到达胜利的彼岸，如图 2-1-29 所示。

图 2-1-28　飞鹰汽车标志

图 2-1-29　吉普汽车标志

第二章　欧洲汽车公司

欧洲是资本主义经济发展最早的大洲，工业生产水平和农业机械化程度均较高。其生产总值在世界居于首位，其中工业生产总值占的比重很大。欧洲大多数国家粮食自给不足。欧洲工业发展程度较高的国家主要为德国、法国和英国，其次为比利时、荷兰和瑞士等。德国、法国和英国的工业生产在世界工业生产中均居前列。当然，欧洲也是汽车工业的发祥地，欧洲汽车工业以其精细的做工、典雅而新潮的独特造型、大胆采用最新世界先进技术而著称。与美国和日本不同，欧洲国家较多，并且各个国家的地域与文化差异很大，从而导致各国汽车的设计风格迥然不同。

无论是法国，还是德国、意大利，其汽车都在产品发展的过程中形成了独树一帜的风格。从造型设计到工艺设计，欧洲汽车都呈现出多元化的发展趋势，而多元化也是未来各国汽车发展的走向。欧洲汽车业经历了100多年的风雨，至今仍不改世界霸主地位，最重要的一点，就是其永远领先世界的设计理念。

欧洲汽车工业属德国、法国、意大利最为发达。较之中东、亚太地区，欧洲的汽车工业成本要高很多。德国、法国一些世界知名企业都为生产成本所累。加上近年来油价攀升，原材料价格暴涨，欧洲的许多汽车制造企业和配件企业处在危机边缘。

第一节　大众汽车公司

大众汽车公司的创始人是世界著名的汽车设计大师费迪南德·波尔舍。他设计出了一种结构轻巧、适合家庭使用的"甲壳虫"轿车，并于1938年在德国的沃尔夫斯堡创办了大众汽车公司。随着"甲壳虫"的畅销，大众汽车公司也成长为一个强大的世界汽车生产集团，它在西班牙、墨西哥等许多国家都建立起汽车生产厂和销售公司。继"甲壳虫"后，大众汽车公司在20世纪80年代推出当时世界最畅销的高尔夫汽车，从而成为欧洲最大的汽车商。在当时全球最大的汽车市场西欧，大约每5辆新车中就有1辆来自大众集团。该企业在2016年度《财富》公布的全球最大500家公司中排名第7。大众汽车公司总部曾迁往柏林，现在仍在沃尔夫斯堡。

公司主要品牌及汽车标志如下。

集团的客车业务分为两大品牌：奥迪和大众。在集团之下，奥迪和大众各自独立管理其品牌群。各个品牌均有其自己的标志,自主经营,产品从紧凑车型到豪华车型应有尽有。图 2-2-1 所示为大众家族组成。

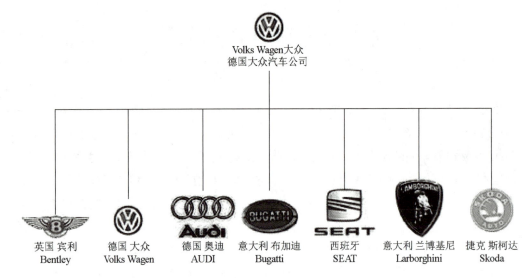

图 2-2-1　大众家族组成

一、大众

大众汽车公司的德文 Volks Wagen 意为大众使用的汽车,这正是公司创建时的宗旨。大众汽车公司和汽车的标志由这两个单词的首位字母"V"和"W"组合而成,图案简洁、大方、明了。其汽车标志由 3 个用中指和食指构成的"V"组成,表示大众汽车公司及其产品必胜的愿景,如图 2-2-2 所示。

大众品牌群包括大众、斯柯达(Skoda)、宾利(Bentley)和布加迪(Bugatti)4 个品牌。

图 2-2-2　大众汽车标志

1. 大众系列

大众现有的主要车型有辉腾(Phaeton)、帕萨特(Passat)、迈腾(Magotan)、速腾(Sagitar)、捷达(Jetta)、EOS、高尔夫(Golf)、波罗(Polo)、FOX、甲壳虫(New-Beetle)、途锐(Touareg)、夏朗(Sharan)、途安(Touran)等。

2. 斯柯达系列

斯柯达公司的历史可以追溯到 1894 年,是世界 5 个最早的轿车生产厂之一。斯柯达公司拥有 16 000 多名雇员和数百家国内和国外供应商,1991 年 4 月 16 日,斯柯达公司成为德国大众集团公司的一个子公司,大众集团购买了斯柯达公司 70% 的股份,其余 30% 股份在

2000年收购。斯柯达汽车公司的标志保留了原标志中带翅膀的飞箭,加宽了外围的圆环,上部增加了"SKODA"字样,下面增加了"AUTO"字样。巨大的圆环象征着斯柯达汽车是全世界无可挑剔的产品;鸟翼象征着技术进步的产品行销全世界;向右飞行着的箭头则象征着先进的工艺;外环中的朱黑色象征着斯柯达公司百余年的传统;中央铺着的绿色则表达了斯柯达人对资源再生和环境保护的重视,也象征着企业的无限生命力,喻示这家百年老厂将焕发青春,如图2-2-3所示。

图 2-2-3　斯柯达汽车标志

3. 宾利

华特·欧文·宾利于1919年创建了自己的汽车公司,开始设计制造他多年来梦寐以求的运动车。宾利运动车在1923~1929年的勒芒24小时汽车赛中大获成功,但由于经营不善,1931年劳斯莱斯汽车公司将宾利汽车公司买下。宾利作为劳斯莱斯的运动型轿车,现在已达到约60%的产品份额。兼并后的宾利汽车公司也生产豪华轿车。

宾利汽车公司的标志以公司名的第一个字母"B"为主体,生出一对翅膀,似凌空翱翔的雄鹰,喻示着宾利汽车公司在全球范围内的无限发展能力,如图2-2-4所示。

图 2-2-4　宾利汽车标志

4. 布加迪

布加迪汽车属于顶级豪华跑车,创立于1909年,原属意大利品牌,1998年被大众收购。布加迪汽车经典设计产生于20世纪20~30年代。1909~1956年的47年间,其共生产了7 950辆布加迪汽车。每辆车中蕴含的无以比拟的技术功力、梦幻般的车身设计、彰显美学魅力的气质,使它真正成为收藏中的极品。布加迪一直为后人所敬仰,布加迪的大部分车型成为法国米卢兹博物馆的珍藏品。1998年,德国大众公司买下了布加迪的品牌所有权。大众的这一举动,并非仅仅向布加迪注入新的生命,而是要让布加迪式的完美重返汽车工业。同年,在巴黎国际车展上推出的EB118标志着大众汽车集团迈出再造布加迪神话的第一步。

布加迪汽车标志中英文字母即"BUGATTI",上部为"EB",周围一圈小圆点象征滚珠轴承,底色为红色,如图2-2-5所示。

图 2-2-5　布加迪汽车标志

二、奥迪

公司创始人霍希早年创建了奥迪汽车公司。1932 年，霍希汽车公司、奥迪汽车公司、蒸汽动力车辆厂和漫游者汽车公司 4 家汽车公司合并组成汽车联盟股份公司。汽车联盟股份公司在第二次世界大战中被毁，1949 年重新成立后更名汽车联盟股份有限公司，以后就只生产奥迪牌轿车。

奥迪汽车的标志为 4 个圆环，4 个圆环分别代表 4 家公司，这些公司曾经是自行车、摩托车及小客车的生产厂家。早在汽车联盟股份公司时，公司就选择象征 4 家公司紧密联合的四环图案作为汽车标志，象征兄弟 4 人紧握的手。半径相等的 4 个紧扣连环象征公司成员平等、互相协作的亲密关系和奋发向上的敬业精神，如图 2-2-6 所示。

图 2-2-6　奥迪汽车标志

1. 奥迪系列

主要产品有奥迪 A2 系列、A3 系列、A4 系列、A6 系列、Q7 系列、A8 系列、TT 系列等。早期代表车型奥迪 100，以其优美造型和最低风阻系数赢得了美誉。A2 是奥迪的小型旅行车，A3 是紧凑型轿车，A4 是奥迪中级轿车，A6 则属于高级轿车。按照德国的汽车分级标准，A 级（包括 A0 级、A00 级）车是小型轿车；B 级车是中档轿车；C 级车是高档轿车；D 级车是豪华轿车。因此，A2、A3 属于 A 级车，A4 属于 B 级车，A6 属于 C 级车，A8 属于 D 级车。

2. 西雅特系列

西雅特是西班牙最大的汽车公司，1950 年成立于巴塞罗那，现在属于德国大众汽车公司子公司。图 2-2-7 所示为西雅特汽车标志。

西雅特汽车公司成立之初，以生产意大利菲亚特汽车公司的车型为主，在西班牙汽车市场占有率曾达到 60%，到 20 世纪 70 年代，其市场占有率下降到 33%，亏损严重。1986 年，德国大众汽车公司买下了西雅特的大部分股份，与西班牙政府共同经营西雅特汽车公司。

西雅特归属大众后，得到了大众资金与技术的支持，它采用大众的零部件，有些车型的底盘、转向及悬挂系统由大

图 2-2-7　西雅特汽车标志

众设计。西雅特经营状态日趋好转，到 20 世纪 90 年代初，汽车的年产量已达 36 万辆以上，成为西班牙效益最好的汽车公司。

3. 兰博基尼系列

兰博基尼汽车公司创建于 1962 年，以创建人兰博基尼命名，原先它只是生产拖拉机的工厂，后来因生产 V12 轿车发动机而开始出名。1987 年，美国克莱斯勒公司购买了该公司的全部股份，专门生产超级运动车。大众公司于 1998 年收购了该公司。

兰博基尼汽车公司的标志是一头正准备向对手发动猛烈攻击的蛮劲十足的斗牛。据说公司创始人兰博基尼就具有这种不甘示弱的牛脾气，也体现了兰博基尼汽车公司产品的特点，因为公司生产的汽车都是大功率、高速的运动型轿车。车头和车尾上的标志省去了公司名，只剩下一头斗牛，如图 2-2-8 所示。

图 2-2-8　兰博基尼汽车标志

第二节　戴姆勒 – 奔驰汽车公司

戴姆勒 – 奔驰汽车公司创立于 1926 年，创始人是卡尔·本茨和哥戴姆勒。它的前身是 1886 年成立的奔驰汽车厂和戴姆勒汽车厂。1926 年两厂合并后，叫戴姆勒 – 奔驰汽车公司，中国翻译简称奔驰汽车公司。现在，奔驰汽车公司除以高质量、高性能的豪华汽车闻名外，也是世界上最著名的大客车和重型载重汽车的生产厂家。奔驰汽车公司是世界上资格最老的厂家，也是经营风格始终如一的厂家。图 2-2-9 所示为奔驰家族组成。

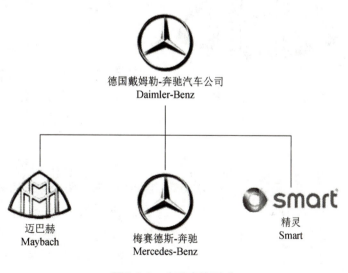

图 2-2-9　奔驰家族组成

公司主要品牌及汽车标志如下。

一、奔驰

1901年开始，戴姆勒汽车公司生产的汽车正式以"梅赛德斯"命名，"Mercedes"的字样便出现在汽车的散热器罩上。1909年6月，戴姆勒汽车公司将三叉星注册为正式商标，象征着陆上、水上和空中的机械化。1916年，又在它的四周加上了一个圆圈，在圆的上方镶嵌了4颗小星，下面有"MERCEDES"字样，取代了原来的文字标志。这种三角星被标在散热器罩的上部，开始只有一颗，后来成了并列的两颗。卡尔·奔驰公司的标志最初是月桂枝包围的"BENZ"字样。1926年，两家汽车公司合并后，它们各自的标志也合二为一。中间是三叉星，上面是"梅赛德斯"，下面是"奔驰"，两家之间用月桂枝连接。今天，这家公司的标志已简化为形似方向盘的三叉星，图2-2-10所示为奔驰汽车标志。

图2-2-10　奔驰车标

二、迈巴赫

迈巴赫品牌首创于20世纪20年代，被誉为"设计之王"的威廉·迈巴赫不仅是戴姆勒－奔驰汽公司的3位主要创始人之一，更是世界首辆梅赛德斯－奔驰汽车的发明者之一。1919年，难舍汽车梦想的威廉·迈巴赫与其子卡尔·迈巴赫共同缔造了"迈巴赫"这一象征着完美和昂贵的传奇品牌。

迈巴赫的英文名是Maybach，它在德国人心目中是顶级豪华汽车。迈巴赫的名称源于纪念戴姆勒的亲密伙伴——公司总工程师威廉·迈巴赫。该车的车标是两个重叠的字母"M"，用三角形围起来，如图2-2-11所示。

图2-2-11　迈巴赫汽车标志

三、smart

smart又称为精灵，它由smart汽车有限公司生产。smart汽车有限公司作为戴姆勒－奔驰的全资子公司成立于1994年，管理中心设在德国斯图加特市，生产工厂则在相距不远的法国海姆巴赫市。它是由戴姆勒－奔驰公司和瑞士钟表集团斯沃琪（Swatch）合作的产物。

"smart"中的"s"代表斯沃琪（Swatch），"M"代表

梅塞德斯-奔驰（Mercedes-Benz），而"art"则是英文中"艺术"的意思，合起来可以理解为，这部车代表了斯沃琪和戴姆勒-奔驰合作的艺术，而 smart 车名本身在英文中也有"聪明伶俐"的意思，这也契合了 smart 公司的设计理念，如图 2-2-12 所示。

图 2-2-12　smart 汽车标志

第三节　宝马汽车公司

宝马汽车公司是驰名世界的汽车企业，也被认为是高档汽车生产业的先导。它具有运动车的性能和豪华轿车的风度，二者完美结合，深受一些有成就的企业家和社会名流的喜爱。巴伐利亚汽车工业有限公司的前身是巴伐利亚发动机厂，它成立于 1916 年，总部设在慕尼黑。宝马作为国际汽车市场上的重要成员，其业务遍及全世界 120 个国家。1997 年，宝马汽车公司生产各种车辆 120 万辆。1998 年，宝马汽车公司收购了劳斯莱斯汽车公司；宝马在美国南卡罗来纳州的新厂也落成投产，这是在美国的第一家外国高档汽车生产厂。宝马汽车公司经过收购与重组，目前拥有宝马、劳斯莱斯和迷你 3 个品牌。图 2-2-13 所示为宝马家族组成。

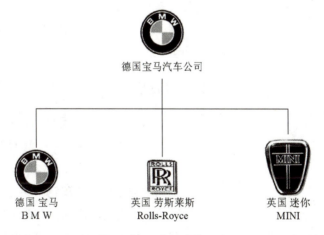

图 2-2-13　宝马家族组成

公司主要品牌及汽车标志如下。

一、宝马系列

宝马汽车标志中间的蓝白相间图案代表蓝天、白云和旋转不停的螺旋桨，喻示宝马公司悠久的历史，既象征该公司过去在航空发动机技术方面的领先地位，又象征公司的一贯宗

第二篇 知名汽车品牌

图 2-2-14 宝马汽车标志

旨和目标：在广阔的时空中，以先进、精湛的技术及最新的观念，满足顾客的最大愿望，展现了公司蓬勃向上的气势和日新月异的面貌，表明宝马轿车品质优秀、技术领先、驰骋全球，如图 2-2-14 所示。

二、劳斯莱斯系列

劳斯莱斯汽车公司是由亨利·莱斯和查理·劳斯合作，在 1904 年创建的。劳斯莱斯汽车的标志采用两个"R"重叠在一起，象征着你中有我、我中有你，体现了两人融洽及和谐的关系。1910 年 7 月 12 日，亨利·莱斯不幸在驾驶飞机时失事遇难，查理·劳斯积劳成疾于 1933 年 4 月 22 日去世。他们的继承人把车前代表二人名字的红色双"R"改为黑色，以示哀悼，如图 2-2-15 所示。劳斯莱斯汽车除了双"R"车标之外，还有著名的飞人标志。这个标志的创意取自巴黎卢浮宫艺术品走廊的一尊有 2000 年历史的胜利女神雕像，她庄重高贵的身姿是艺术家们产生激情的源泉。当汽车艺术品大师查尔斯·赛克斯应邀为劳斯莱斯汽车公司设计标志时，深深印在他脑海中的女神像立刻使他产生创作灵感。于是一个两臂后伸、身带披纱的女神像飘然而至。

图 2-2-15 劳斯莱斯汽车标志

三、迷你

被公认为世界汽车技术发展的六大里程碑之一的英国车迷你（MINI），小巧玲珑，朴实无华，是世界车坛上最有名气的小型车。迷你汽车使用的标志是一个插上翅膀的车轮，象征着迷你要风靡全球，如图 2-2-16 所示。1994 年，宝马汽车公司接管了罗孚集团，对迷你进行了重新的定位。宝马汽车公司不但留下了迷你，还投入近 3.6 亿欧元，历时 6 年开发新迷你轿车，并重建了在英国牛津的迷你车制造厂。2001 年，新的 MINI Cooper 问世了。今天的宝马迷你已经不是当年大批量生产的普通经济型小汽车，而是一款高档的小型车了。

图 2-2-16 迷你汽车标志

46

第四节 保时捷汽车公司

在汽车赛坛上独领风骚的保时捷汽车，是波尔舍研究设计发展公司的杰作，公司的创始人费迪南德·波尔舍是闻名世界的汽车设计大师，他把自己的毕生精力都献给了汽车事业。

公司生产的保时捷运动车是世界上最优秀的运动车，它的造型独特，两个传统的圆形前灯很容易辨认，夜间行驶时，一打开车灯，它就会自动弹起照明，不用时便收回到车头内，使车身保持良好的流线型，减少风阻（这也是波尔舍汽车公司的一个发明）。"保时捷"这个迷人的名称给人以速度、运动和舒适的美感，令人神往。

保时捷汽车公司的标志采用斯图加特市的盾形市徽。中间的黑马表明这里早在16世纪就以盛产名马闻名于世，上面有"STUTTGART"（斯图加特）字样。背景上的鹿角告诉人们这里曾是狩猎场，金黄的底色则表示丰收在望的麦子，黑红相间的条纹分别代表肥沃的土地和人们的智慧，公司名称在上方最显眼的地方，勾画了一幅美好的田园景色，象征着公司辉煌的过去和美好的未来，如图2-2-17所示。

图 2-2-17　保时捷汽车标志

第五节 标致雪铁龙集团

标致雪铁龙集团是欧洲第二大汽车制造厂商，是一家以生产汽车为主，兼营机械加工、运输、金融和服务业的跨国工业集团。1976年，标致汽车公司以自己的经济实力收购了经营不善的雪铁龙汽车公司60%的股份，从而扩充了自己的实力。目前标致雪铁龙集团拥有标致和雪铁龙两大品牌。标致汽车公司和雪铁龙汽车公司各自具有很大的经营独立性，它们有不同的销售网络、不同的商务运作，也有不同的产品。图2-2-18所示为标致雪铁龙集团的组成。

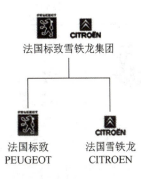

图 2-2-18　标志雪铁龙集团的组成

一、标致汽车公司

标致汽车公司的标志是一只站着的雄狮。雄狮是标

第二篇　知名汽车品牌

图 2-2-19　标致汽车标志

致家族的徽章，也是法国蒙贝利亚尔省的省徽。徽章既突出力量，又强调节奏，富有时代感，喻示着标致汽车像雄狮一样威武、敏捷，永远保持旺盛的生命力，如图 2-2-19 所示。

二、雪铁龙汽车公司

雪铁龙汽车公司是法国第三大汽车公司，创立于 1915 年，创始人是安德烈·雪铁龙，主要产品是小客车和轻型载货车。雪铁龙汽车公司总部设在法国巴黎。雪铁龙的车名以其创始人安德烈·雪铁龙的姓氏命名。由于雪铁龙汽车公司前身为雪铁龙齿轮公司，所以其标志由人字形齿轮构成，象征着人们密切合作，同心协力，步步高升，如图 2-2-20 所示。

图 2-2-20　雪铁龙汽车标志

第六节　雷诺日产联盟

雷诺汽车公司创立于 1898 年，创始人是路易斯·雷诺，总部设在法国比杨古。它是以生产各型汽车为主，涉足发动机、农业机械、自动化设备、机床、电子、塑料橡胶业的垄断工业集团公司。日产汽车有两大品牌系列：一个是日产系列，一个是英菲尼迪系列。2004 年，雷诺日产联盟的汽车年销量达到 578.5 万辆（其中日产为 329.5 万辆，列世界第 7 位）。图 2-2-21 所示为雷诺日产联盟的组成。

公司主要品牌及汽车标志如下。

一、雷诺

雷诺汽车公司汽车产品十分齐全，除小客车和载货车外，还包括各种改装车、特种车。进入世界十大汽车公司的欧洲汽车公司也独此一家。雷诺汽车公司和汽车的标志是四重菱形图案。它象征雷诺

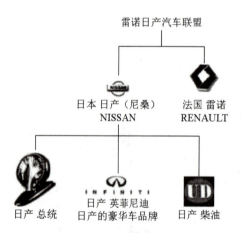

图 2-2-21　雷诺日产联盟的组成

三兄弟和汽车工业融为一体,表示雷诺能在无限(四维)的空间里竞争、生存和发展,如图 2-2-22 所示。

二、日产

日产(NISSAN)汽车公司前身是 1933 年 12 月 26 日日本产业公司与户畑铸造公司联合成立的汽车制造公司,当年就开始生产汽车,于 1934 年正式更名为日产汽车公司,总部设在东京,它是日本的第二大汽车生产厂家。1993 年,中日合资郑州日产公司成立,日产汽车品牌和日产汽车技术开始进入中国。

"NISSAN"是日语"日产"两个字的拼写形式,是日本产业的简称,其含义是"以人和汽车的明天为目标"。其图形标志是将"NISSAN"放在一个火红的太阳上,简明扼要地表明了公司名称,突出了所在国家的形象,这在汽车标志文化中独树一帜。红色的圆表示太阳,中间的蓝色长方形及其上白色的字是"日产"的拼写形式,整个图案表明了日产汽车公司位于"日出之国"的日本。日产的日语读音近似"尼桑",所以也被音译为"尼桑"。图 2-2-23 所示为日产车标。

图 2-2-22　雷诺汽车标志

图 2-2-23　日产汽车标志

第七节　菲亚特汽车公司

菲亚特汽车公司是意大利最大的汽车公司,也是菲亚特集团的重要成员。1899 年 7 月,乔瓦尼·阿涅利在意大利都灵市创建了这个家族式企业——都灵意大利汽车厂。菲亚特家族年产量占据意大利汽车全年总产量的 90% 以上,这在世界汽车工业中是相当罕见的。菲亚特集团汽车部雇员约 27 万,在 100 多个国家设有子公司和销售机构。图 2-2-24 所示为菲亚特家族组成。

图 2-2-24　菲亚特家族组成

公司主要品牌及汽车标志如下。

一、菲亚特

"FIAT"在英语中具有"法令""许可"的含义，因此在客户的心目，菲亚特轿车具有较高的合法性与可靠性，深受家庭用户的信赖。紧凑的造型和优雅精巧的外观是菲亚特车系的最大特征，处处彰显出意大利人的热情和浪漫，被誉为世界汽车造型的引领者，其汽车标志如图 2-2-25 所示。

图 2-2-25　菲亚特汽车标志

二、蓝旗亚

1906 年，文森佐·蓝旗亚在都灵创办蓝旗亚公司。作为意大利一个历史悠久的著名品牌，它在世界豪华车市场占有重要的一席之地。蓝旗亚汽车的标志有双重意义，一是取自公司创始人之一文森佐·蓝旗亚的姓氏；二是"蓝旗亚"在意大利语中是长矛之意。骑着高头大马，手持挂旗子的长矛者，便是中世纪意大利骑士的主要特征。最早的标志是在旗子的周围加上车轮形状的圆圈，20 世纪 50 年代才把图案置于盾形框架之中。标志以长矛画面为主题，代表了企业不畏艰难的拼搏精神，加上旗帜上的"LANCIA"字样，简洁地体出了"蓝旗亚"的全部意义，如图 2-2-26 所示。

图 2-2-26　蓝旗亚汽车标志

三、法拉利

法拉利汽车公司是世界上最闻名的赛车和运动跑车的生产厂家。它创建于1929年，创始人是赛车世界冠军、划时代的汽车大师恩佐·法拉利。菲亚特汽车公司拥有该公司50%股权，但该公司却能独立于菲亚特汽车公司运营。法拉利汽车大部分采用手工制造，因而产量很低。

法拉利车标志上部的绿、白、红三色是意大利的国旗色，下部是法拉利的英文名。那匹腾空跃起的黑马，彪悍而有几分野性，它伴随着法拉利赛车驰骋赛场向世界挑战，如图2-2-27所示。

图2-2-27　法拉利汽车标志

四、阿尔法·罗密欧汽车公司

阿尔法·罗密欧汽车公司建于1910年，从1946年起使用阿尔法·罗密欧的名称，公司总部设在米兰。阿尔法·罗密欧汽车的标志于20世纪30年代初就开始使用，这是米兰市的市徽，也是中世纪米兰的领主维斯康泰公爵的家徽。标志中左边的十字部分来源于十字军从米兰向外远征的故事，右边是米兰大公的徽章。关于蛇正在吞食撒拉迅人的图案有种种传说，其中之一是象征着维斯康泰的祖先曾经击退了使人民遭受苦难的"龙"。总之，这枚古老的徽章伴同阿尔法·罗密欧运动型汽车已名扬四海，成为当今的知名商标之一，如图2-2-28所示。

图2-2-28　阿尔法·罗密欧汽车标志

五、玛莎拉蒂汽车公司

玛莎拉蒂汽车公司由玛莎拉蒂家族4兄弟，于1914年在意大利的科隆纳创建，专门生产运动车，在欧洲具有很高的知名度。玛莎拉蒂汽车公司的标志为树叶形的底座置于一个椭圆中，其上放置一件三叉戟。相传这个兵器是罗马神话中的海神纳丘（在希腊神话中则称波赛顿海神）手中的武器。它显示出海神巨大无比的威力。这个标志也是公司所在地意大利博洛尼亚市的市徽。该标志表示玛莎拉蒂牌汽车就像浩渺无限的大海般澎湃，隐喻了玛莎拉蒂汽车快速奔驰的潜力，如图2-2-29所示。

图2-2-29　玛莎拉蒂汽车标志

第三章　亚洲汽车公司

"青，取之于蓝，而青于蓝"，依靠模仿起家的日本汽车凭借"个小空间巧、纤薄不羸弱"的特点席卷全球。东瀛"战神"威服欧亚的横空嘶吼，无碍"经济、舒适、居家、可靠"的日系车牢牢占据人们的心头。丰田跌落"世界第一"神坛的黯然神伤，丝毫不会削弱"精益生产"对各行业带来的深远影响。

从模仿的蹒跚起步，韩国汽车迈着独立创新的步伐用几十年的时间跨过了欧美百年汽车路。政府的保护及其催生的国民热情造就了东方岛国又一汽车腾飞的神话。稳驻亚洲，挺进美洲，并无深厚历史的后起之秀，已经俨然成为大众、通用等汽车巨头的强力竞争对手。

第一节　丰田（TOYOTA）汽车公司

丰田汽车公司是日本最大的汽车公司，创立于 1933 年，现以汽车生产为主。丰田喜一郎是丰田汽车工业的创始人，是发展日本汽车工业的功臣，日本人称他是"日本的大批量汽车生产之父"，他创造了后来风靡全球的"丰田生产方式"。图 2-3-1 所示为丰田家族组成。

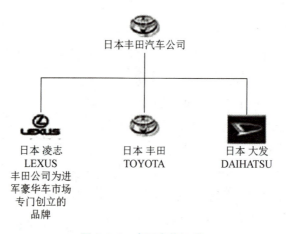

图 2-3-1　丰田家族组成

公司主要产品及其汽车标志如下。

一、丰田系列

日语"丰田"在英语中被拼写为"TOYOTA"。丰田公司的标志由 3 个椭圆形的环组成，中间的两个椭圆形环一横一竖，垂直重合，构成了字母"T"，外边的一个椭圆代表地球，而由两个椭圆组成的字母"T"最大限度地占据了外面椭圆的空间，寓意着丰田公司要把自己的技术、产品推向全世界，也象征着丰田立足当下，对未来的信心和雄心。3 个椭圆的组合，每个椭圆都以两点为圆心绘制曲线而成，它象征着用户的心与工厂的心是连在一起的，具有相互信赖感，象征着丰田置身于顾客，对顾客的保证，如图 2-3-2 所示。

二、雷克萨斯系列

20 世纪 90 年代，丰田汽车公司推出的雷克萨斯高级轿车，就像一匹黑马，以与众不同的风格跃入人们的眼帘，以不同凡响的标志"L"标新立异。雷克萨斯的图形标志不是采用常见的 3 个椭圆相互嵌套形式，而是在一个椭圆中镶嵌英文"Lexus"的第一个大写字母"L"，"L"的外面用一个椭圆包围着图案，椭圆代表着地球，表示雷克萨斯轿车遍布全世界。该标志被镶在散热器正中间，车尾标有文字标志"LEXUS"，喻示该车驰骋在世界各地的道路上，如图 2-3-3 所示。

图 2-3-2　丰田车标

雷克萨斯是丰田汽车公司专门在国外销售的豪华轿车。雷克萨斯车名是丰田花费 3.5 万美元请美国一家起名公司命名的，因为雷克萨斯（Lexus）的读音与英文"豪华"（Luxe）一词相近，容易使人联想到该车是豪华轿车。

图 2-3-3　雷克萨斯车标

三、赛恩系列

赛恩是丰田汽车公司根据对消费群的调查之后，为迎合下一代的新车用户于 2002 年推出的新品牌。赛恩运作路线从 3 个基本点出发：时尚、多功能和惊奇。这 3 个基本点不仅体现在产品上，而且在销售及服务上也遵循这 3 个基本点。

赛恩（Scion）的含义从英文意思上就可以理解出来，意为子孙后代。它将以一个独立的、极具特色的产品阵容及新的销售理念来迎合未来新车用户的胃口。同样，它的名称还有一个含义，即作为丰田品牌的后代延续丰田汽车的造车理念，如图 2-3-4 所示。

图 2-3-4　塞恩汽车标志

四、大发

日本大发工业株式会社是日本最具传统和历史的汽车厂家，有着近一个世纪的发展历程，也是最早进入中国市场的日本汽车厂商。大发工业株式会社成立于1907年，原名为大阪发动机制造株式会社，1951年改为现名，主要生产小型轿车，大发工业株式会社生产的汽车已在160多个国家得到广泛使用。

大发汽车标志将大发汽车英文的第一个字母"D"图案化，象征着大发汽车，永葆青春，如图2-3-5所示。

图 2-3-5　大发汽车标志

第二节　本田（Honda）汽车公司

本田（Honda）汽车公司全称为本田技研工业股份有限公司。其前身是本田技术研究所，建于1948年9月，创始人是传奇式人物本田宗一郎。公司总部设在东京，雇员总数3万人左右。本田先后建立了本田美国公司、本田亚洲公司、本田英国公司，公司已成为一个跨国汽车、摩托车生产销售集团。它的产品除汽车、摩托车外，还有发电机、农机等。

公司主要产品及其汽车标志如下。

一、本田系列

本田车名源自1948年本田宗一郎创立的本田摩托车公司。"本田"即本田宗一郎的姓氏。本田汽车公司在20世纪80年代成立了商标设计研究组，从来自世界各地的2 500多件设计图稿中，确定了现在的三弦音箱式商标，也就是带框的字母"H"。图案中的"H"是"本田"英文名Honda的第一个字母。这个标志体现出技术创新、职工完美和经营坚实的特点，紧张感和轻松感兼具，如图2-3-6所示。

图 2-3-6　本田汽车标志

二、阿库拉系列

本田的阿库拉（Acura，中文名为讴歌）如同丰田的雷克萨斯（Lexus），二者分别是本田和丰田旗下的子品牌。与雷克萨斯一样，阿库拉也属于豪华车品牌。阿库拉系列汽车是先有阿库拉名字，后有品牌标志。当 Legend 和 Integra 推出时都没有品牌标志。1991 年，NSX 跑车推出时，为了体现事业部"精湛工艺打造卓越性能"新口号的精髓，将"Acura"中的字母"A"转化为一个传统的卡钳样式。在机械加工中，卡钳专门用于精确测量，这正好体现了事业部"精确"的主题，从此诞生了阿库拉的汽车标志，如图 2-3-7 所示。

图 2-3-7 阿库拉汽车标志

第三节 三菱（Mitsubishi）汽车公司

拥有 100 余家企业及分支机构的三菱集团，源于 1870 年的九十九商会，后改称为三菱商社，"三菱"的名称一直沿用至今。三菱的标志由其创始者的家族标志逐渐演变而来。"Mitsubishi"一词的意思就是三菱（即 3 个菱形）。1917 年，三菱汽车注册了三瓣菱形图案的汽车标志，3 个菱形标志最初作为九十九商会的轮船旗帜，后来的三菱汽车也沿袭了这个标志。从几世纪前的 3 片树叶演变成今天的 3 个菱形，商标中 3 个菱形代表 3 颗钻石，这 3 颗钻石蕴含了三菱公司的 3 项原则：对社会的共同责任、诚实公平和通过贸易增进国际理解。这个图形简洁、明快，又与公司名称相配，成为国际车坛一个著名的标志，如图 2-3-8 所示。

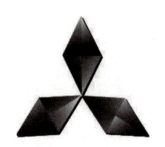

图 2-3-8 三菱汽车标志

第四节 富士重工

斯巴鲁（Subaru）的 6 颗星标记是昴宿星座，象征组成其母公司的富士重工各公司。根据神话的记载，昴宿星团是顶天巨神阿特拉斯与普拉恩的女儿，主神宙斯把她们变为鸽子，并把装扮成她们的假人放在天上，以保护她们免受猎人奥利安杀害。"斯巴鲁"的日语意思是"联合"，其企业标志是昴宿星团的六连星，并且也是斯巴鲁汽车的标志。斯巴鲁的标志代表着

第二篇　知名汽车品牌

图 2-3-9　斯巴鲁汽车标志

第二次世界大战后，5 个独立的公司一起组成了现今的斯巴鲁，如图 2-3-9 所示。

第五节　铃木（Suzuki）汽车公司

1954 年铃木汽车公司正式成立。铃木汽车公司不但在摩托车领域上享誉盛名，而且在微型车市场上凭借低燃耗低排放的 "Alto" 和 "Wagon R" 等车型，一直独占日本国内微型汽车销售首位。铃木轿车标志图案中的 "S" 是铃木 "Suzuki" 的第一个字母。这种设计给人以无穷力量的感觉，象征着铃木公司的无限发展，如图 2-3-10 所示。

图 2-3-10　铃木汽车标志

第六节　现代汽车公司

1967 年，郑周永创建现代汽车公司，经过几十年的发展，它已成为韩国最大的汽车生产厂家，并进入世界著名汽车大公司行列。公司总部在韩国首尔，汽车年产量 100 万辆，历史上的主要产品有小马牌、超小马牌、斯拉塔牌小客车及载货车。

现代汽车公司的标志是椭圆内有斜字母 "H"。"H" 是现代汽车公司英文名 "HYUNDAI" 的首字母，同时又是两个人握手的形象化艺术表现，代表现代汽车公司与客户之间互相信任与支持。"现代" 首先体现了 "2000 年在世界上腾飞的现代汽车公司" 这一概念，其次象征现代汽车公司在和谐与稳定中发展。椭圆表示地球，意味着现代汽车以全世界作为舞台，进行企业的全球化经营管理。商标中的椭圆既代表汽车的方向盘，又可以看作地球，与其间的字母 "H" 结合在一起恰好表达了现代汽车遍布全世界的意思，如图 2-3-11 所示。

图 2-3-11　现代汽车标志

第七节　起亚汽车公司

成立于1944年的起亚汽车公司是韩国最老牌的汽车制造厂。起亚汽车公司作为韩国汽车工业的驱动力,为使韩国跻身世界五大汽车生产国家发挥了积极的作用。起亚汽车公司的前身为京城精密工业,其成立于1944年,位于汉城永登浦区,是一家手工制作自行车零部件的小厂。1952年,公司命名起亚(Kia)工业公司。1973年,起亚生产出韩国第一台汽油发动机,并于1974年10月生产出韩国第一部乘用轿车Brisa。后来Brisa汽车成为韩国首列汽车出口品牌,出口中东。起亚的车标是其公司的英文名称"Kia",如图2-3-12所示。

图 2-3-12　起亚汽车标志

第八节　大宇汽车公司

韩国大宇汽车公司是韩国第二大汽车生产企业,其总部设在韩国首尔,主要产品为轿车和货车。1967年,金宇中创建新韩公司,后改名为新进公司,1983年改名为大宇汽车公司。1998年亚洲金融风暴的时候,大宇汽车公司收购了韩国双龙汽车。然而,由于经营不利,资不抵债,其于2000年11月8日正式宣布破产。2002年,美国通用汽车公司收购了大宇汽车公司,成立了通用大宇汽车科技公司(简称通用大宇)。

大宇汽车公司使用形似地球和正在开放的花朵作标志,生产的汽车也使用这个标志作为商标。大宇标志象征高速公路大动脉向未来无限延伸,表现了大宇的未来和发展意志;向上展开的花朵体现了大宇家族的创造力和挑战意识。整个标志表现了大宇家族智慧、创造、挑战、牺牲的企业精神,表现出大宇集团的"儒家"风范,如图2-3-13所示。

图 2-3-13　大宇汽车标志

第九节 双龙汽车公司

图 2-3-14 双龙汽车标志

双龙汽车公司是韩国第四大汽车公司，其前身为创立于 1954 年的东亚汽车公司，1986 年 10 月并入双龙集团，1988 年 3 月更名为双龙汽车公司。双龙汽车公司用"双龙"来命名，其车标将"SSANGYONG"中的"S"抽象成"8"字，形似"双龙"飞舞，后来"8"字形的汽车标志演化为两条龙在云中高飞，表示"双龙"情深义重。同样，也期望双龙汽车能像诗里说的一样，"大鹏一日同风起，扶摇直上九万里"，如图 2-3-14 所示。

第十节 塔塔汽车公司（TataMotors）

图 2-3-15 塔塔汽车标志

塔塔汽车公司隶属于印度塔塔财团。塔塔财团是当今印度的第一大财团，也是印度最老的财团。其在 1954 年与德国戴姆勒 – 奔驰汽车公司进行合作，1969 年能够独立设计出自己的产品。塔塔商用车涵盖载重 2～40t 的产品。1999 年，塔塔进入乘用车领域，在这一市场的占有率在 17% 左右，最知名的是其自主开发设计的 Indica 和 Indig 系列产品。其汽车标志如图 2-3-15 所示。

第四章　中国汽车公司

从 20 世纪 50 年代的艰难起步，80 年代的合资热潮，到 20 世纪末的群雄自主，中国汽车工业的每一步前进都喧闹而艰辛。自主设计的偶然闪光照不亮"抄袭"笼罩下的阴霾，苦恨"合资"企业年年压金线却换不来民族工业的金衣裳，新汤老药的合资自主或将又是水中月镜中花。中国这个世界上最大的汽车市场，何时跑满"华系车"？

第一节　中国第一汽车集团有限公司

中国一汽（第一汽车集团有限公司）是中国汽车工业的摇篮，总部位于吉林省长春市，始建于 1953 年。其目前拥有一汽解放卡车、一汽轿车、一汽-大众轿车、天津一汽丰田轿车等工厂，形成了"轻、中、重、轿、客、微"多品种、宽系列的产品格局，拥有解放、红旗、奔腾、夏利、威志等自主品牌和大众、奥迪、丰田、马自达等合资合作品牌。

中国一汽及生产的汽车商标是阿拉伯数字"1"和汉字"汽"两个字艺术化的组合，构成一只展翅翱翔在蔚蓝天空中的雄鹰。同时也是中国一汽打印在零部件上的一个产品商标。该标志既代表不断进取、展翅高飞的中国一汽精神，又表达了中国汽车工业冲出国门、走向世界的决心。出口的一汽载货汽车在其前面标有"FAW"字样，意为第一汽车制造厂。其汽车标志如图 2-4-1 所示。

图 2-4-1　一汽汽车标志

第二节　东风汽车集团有限公司

东风汽车公司创立于 1969 年，是中国政府明确重点支持的汽车行业三大集团之一。东风汽车取名于毛泽东的"不是西风压倒东风，就是东风压倒西风"。目前,其产品覆盖"重、中、轻、轿"等系列。

东风汽车公司及其商标以艺术变形手法，取燕子凌空飞翔时的剪形尾翼作为图案基础，

图 2-4-2　东风汽车标志

含义是双燕舞东风。东风汽车公司原名为第二汽车制造厂。第二汽车制造厂的"二"字寓意于双燕之中，戏跃翻飞的春燕，外圆代表车轮，象征着东风牌汽车车轮不停地旋转，如图 2-4-2 所示。东风品牌承载着中国载货汽车的发展历史。

2003 年 5 月，东风汽车公司与中国华融资产管理公司等 5 家金融机构的"债转股"协议在框架协议的基础上正式签署，对东风汽车公司进行资产重组，设立新的公司名称仍沿用"东风汽车公司"。2017 年 11 月 30 日，东风汽车公司对外公告，更名为"东风汽车集团有限公司"，并已于 11 月 14 日完成工商变更登记。

第三节　上海汽车工业（集团）总公司

上海汽车工业（集团）总公司简称上汽集团，是中国汽车工业具有代表性的大型企业集团之一。2004 年 7 月 12 日，上汽集团以上一年度合并销售收入 117 亿美元的业绩，首次跻身《财富》杂志世界 500 强企业行列。上汽集团主要生产经营轿车、摩托车、载货汽车、拖拉机、大型客车等整车及其配件零部件。其集团系列产品主要有上海大众、上海通用、上海通用五菱、上海汽车股份有限公司乘用车。

第四节　南京汽车集团有限公司

南京汽车集团有限公司是我国特大型汽车骨干生产企业，是上海汽车集团股份有限公司的全资子公司。南京汽车集团有限公司目前拥有跃进、依维柯、新雅图、MG 名爵等整车品牌系列。除整车生产公司外，南京汽车集团有限公司还拥有宁波前桥、杭州依维柯、南汽专用车、汽车工程研究院（国家级企业技术中心）和国家级汽车质量监督检验鉴定试验所。南京汽车集团有限公司拥有外事审批权、博士后科研工作站，以及与东南大学、南京理工大学、江苏大学等联合组建的汽车工程研究院，具有较完善的科研和生产经营体系。

第五节　北京吉普汽车有限公司

北京吉普汽车有限公司是中国汽车行业最早的中外合资企业。这个企业的历史充满艰辛。1979年，经过著名美籍华人沈坚白先生的介绍，北京汽车制造厂同美国汽车公司（AMC）开始了合资谈判。这场马拉松式的谈判，从1979年1月持续到1983年5月，美国人到中国来了18次，中国人去了美国3次，中方向各级各部门领导汇报了近500次。美国人已经被拖得没有耐心了。1984年1月，北京吉普汽车有限公司开业，合资经营期限是20年。

北京吉普的车标是其公司名的缩写，生产的吉普车均以BJC为标志，如图2-4-3所示。

其主要生产切诺基Jeep 2500与Jeep2700两大系列产品及三菱帕杰罗SPORT（速跑）、大切诺基、三菱欧蓝德等。

图2-4-3　北京吉普汽车标志

第六节　北京奔驰–戴姆勒·克莱斯勒汽车有限公司

北京奔驰–戴姆勒·克莱斯勒汽车有限公司（简称BBDC）是北京汽车工业控股有限责任公司与戴姆勒股份公司、戴姆勒东北亚投资有限公司组建的合资企业，于2005年8月8日正式成立。其前身为北京吉普汽车有限公司。北京吉普现已改制为北京奔驰，今后社会上将没有北京吉普汽车有限公司之称，北京奔驰、北京现代和北京福田都在"北汽控股"领导之下被称为"北京汽车工业三大板块"。BBDC生产梅赛德斯–奔驰、克莱斯勒、Jeep、三菱等众多国际知名品牌的轿车和越野车，并为中国军队定点生产拥有完全自主知识产权的"勇士"第二代军用轻型越野车。

第七节　广州本田汽车有限公司

广州本田汽车有限公司（简称广州本田）由广州汽车集团公司和本田技研株式会社按50∶50的股比合资建设和经营，于1998年7月1日正式挂牌成立。第二工厂——增城工厂于2005年5月8日正式动工建设，首期投资22亿元人民币，占地面积100万m^2。广州本田的产品品种有第八代雅阁轿车、新一代奥德赛多功能轿车、Fit Saloon（飞度）两厢轿车、锋范轿车。1999年，广州本田将第7代雅阁引进到中国，其19个月蝉联中国中高级车销量冠军。2007年12月，在广州本田增城工厂隆重下线的第8代阁雅（Accord）轿车，被媒体誉为"史上最强雅阁"。

第八节　广州丰田汽车有限公司

广州丰田汽车有限公司（中文简称：广州丰田，英文简称：GTMC）成立于2004年9月1日，是由广州汽车集团股份有限公司和丰田汽车公司按50∶50的股比合资建设、经营的合资整车项目，投资总额38.21亿元人民币，注册资本13亿元人民币，合资年限30年。广州丰田工厂位于广州市南沙区（原广州南沙经济开发区），首期占地面积110万 m^2。

广州丰田生产丰田凯美瑞、雅力士轿车。

第九节　长安汽车（集团）有限责任公司

长安汽车（集团）有限责任公司创建于1995年，由原长安机器制造厂和江陵机器厂合并而成。其总部位于重庆长江和嘉陵江汇合处，下辖重庆长安汽车股份有限公司、长安铃木汽车有限公司、长安福特马自达汽车有限公司、长安福特马自达南京公司、长安福特马自达发动机公司、南京长安汽车有限公司、河北长安汽车有限公司、河北保定客车有限公司、重庆长安跨越车辆有限公司、江西江铃控股有限公司、长安金陵零部件有限公司、长安地产有限公司等十余家公司。

第十节　奇瑞汽车股份有限公司

奇瑞汽车股份有限公司成立于1997年，其前身是安徽汽车零部件公司。奇瑞汽车标志的整体是英文字母"CAC"的一种艺术化变形；"CAC"即英文Chery Automobile Corporation Limited的缩写，中文意思是奇瑞汽车股份有限公司；标志中间字母"A"为一变体的"人"字，预示着公司以人为本的经营理念；徽标两边的字母"C"向上环绕，如同人的两个臂膀，象征着团结和力量，环绕成地球形的椭圆状；中间的字母"A"在椭圆上方的断开处向上延伸，寓意奇瑞公司发展无穷；整个标志又是"W"和"H"两个字母的交叉变形设计，为"芜湖"一词的汉语拼音的声母，表示公司的生产制造地在芜湖市，如图2-4-4所示。

图 2-4-4　奇瑞汽车标志

第十一节　北京现代汽车有限公司

北京现代汽车有限公司由北京汽车投资有限公司和韩国现代自动车株式会社于2002年10月投资创办，合资双方各占50%的股份，企业性质为中外合资经营企业，合资期限为30年。北京现代汽车有限公司是我国加入世界贸易组织后批准的第一个汽车生产领域的合作项目，意义重大。

第十二节　比亚迪汽车有限公司

比亚迪汽车有限公司是比亚迪股份有限公司的子公司。比亚迪股份有限公司创立于1995年，从一开始就把目光投向技术含量较高利润也丰厚的电池生产，为其以后的成功奠定了基础。2003年1月，比亚迪股份有限公司以2.7亿元的价格收购西安秦川汽车有限责任公司77%的股份，组建比亚迪汽车有限公司，成为继吉利之后国内第二家民营轿车生产企业。同年11月，比亚迪汽车销售有限公司在深圳成立。

第十三节　华晨金杯汽车有限公司

沈阳华晨金杯汽车有限公司（原名为沈阳金杯客车制造有限公司）是由华晨中国汽车控股有限公司与金杯汽车股份有限公司投资组建的合资企业。公司成立于1991年7月22日。1992年10月9日，华晨汽车在美国纽约证券交易所正式挂牌上市，成为中国第一家在海外上市的企业。2003年5月，华晨宝马汽车有限公司注册成立，其注册地和生产厂设在辽宁省沈阳市。作为中国汽车工业新成员，华晨宝马汽车有限公司致力于从高起点开始，向中国客户提供 BMW 品牌最先进且拥有全球同一品质的高档轿车。德国宝马在华晨合作建有的宝马轿车的生产线，是国内技术级别较高的生产线之一。

第十四节　江淮汽车集团股份有限公司

江淮汽车集团股份有限公司（简称江淮汽车）是由安徽江淮汽车集团有限公司作为主发起人，联合马来西亚安卡莎机械有限公司、安徽省科技产业投资有限公司、安徽省机械设备总公司、武汉天喻信息产业有限责任公司 4 家法人，以发起设立方式成立的股份有限公司。江淮中级轿车江淮宾悦是江淮汽车以"整合全球资源造世界车"设计理念为指导，在 JAC 意大利研发中心、日本研发中心等国内外研发机构的顶级设计师、工程师们的通力合作下，精心打造的一款具有国际化水准的中国民族自主品牌轿车。2008 年 9 月 19 日，江淮汽车于成都车展正式发布其三厢、两厢 A 级轿车中文品牌名称，分别定名"同悦""同悦 RS"。在同悦之后，江淮汽车在上海车展上又推出一款新车——和悦。江淮和悦 B 级轿车具备出众的燃油经济性，其百公里油耗小于 6L。江淮悦悦是江淮家族的 A00 级微型车。作为江淮汽车旗下的首款 SUV 车型，瑞鹰酷似韩国现代胜达菲。瑞风是江淮汽车自己的 MPV 车型，在国内拥有良好的口碑。江淮汽车生产的小型载货汽车以帅铃为代表。

第十五节　长城汽车股份有限公司

长城汽车股份有限公司（简称长城汽车）是中国规模最大的民营汽车制造企业，也是中国首家在香港地区上市的民营汽车企业。长城新标由两个对放字母"G"组成"W"造型，"GW"是长城汽车的英文缩写。椭圆外形是地球的形状，象征着长城汽车立足于中国、铸造牢不可破的汽车长城的企业目标，更蕴含着长城汽车走向世界、屹立于全球的产业梦想。长城汽车是中国的长城，更是融入世界的长城。

长城新标中间凸起的造型是仰视古老烽火台 90°夹角的象形，被正中边棱平均分割，挺立的姿态酷似"强有力的剑锋和箭头"，象征着长城汽车蒸蒸日上的活力，寓意着长城汽车敢于亮剑，无坚不摧，凸起部分也象征着立体的"1"，表明企业勇于抢占制高点，永远争第一的企业精神。椭圆底部长出盾形长城烽火台，整体外观形似汉字"中"。与长城汽车旧标识相比，采用立体构图的长城新标看起来更简洁和大方。

第十六节　力帆汽车有限公司

2005年，力帆汽车有限公司（简称力帆汽车）拿到了由国家发展和改革委员会通过的乘用车项目的"准生证"。项目生产地位于重庆市北部新区汽车园。力帆汽车申请乘用车项目的"准生证"可谓步履曲折，一度成为业内人士评论的热点。力帆汽车在竭尽所能准备好一个投资24亿元的轿车项目并且组建了一个全国排名第77位的自有研发中心之后，初步审核都未获批准。力帆汽车大约花了一年的时间，迅速地成立汽车发动机公司，研发并通过国家检验甚至上了公告的几种发动机之后，方才满足了国家发展和改革委员会的审核要求。力帆汽车计划在此投资建成年产轿车15万辆，并根据《汽车产业发展政策》要求，建立汽车发动机20万台的汽车生产基地和汽车研究院。2006年上市的力帆520是力帆旗下的首款轿车产品。力帆620是力帆汽车继力帆520之后打造的又一款重点车型。力帆320作为一款A0级车型，是力帆汽车开发的首款微轿。不难看出，力帆320的车身造型借鉴并融入经典车型MINI Cooper的设计元素。图2-4-5所示为力帆汽车标志。

图2-4-5　力帆汽车标志

第十七节　北汽福田汽车股份有限公司

北汽福田汽车股份有限公司（简称福田汽车）成立于1996年8月28日，是一家跨地区、跨行业、跨所有制的国有控股上市公司。公司产业经营领域发展为与"行"和"住"相关的汽车、农业装备、建设、金融四大产业，主要产品有汽车、发动机、拖拉机、收获机械、农村经济型运输车辆、化学建材及其装备、轻钢建筑等。福田汽车1998年左右开始轻卡生产，两年之后轻卡销量位居全国第一；农用联合收割机在1998年投入生产之后，又在短时间内为福田汽车夺取了另一个"销量第一"。2008年，福田汽车品牌价值达221.57亿元，在中国汽车行业排名第3，在商用车行业排名第1。

第十八节　北京汽车制造厂有限公司

北京汽车制造厂有限公司是中国越野车的摇篮。1951年6月10日，中国人民解放军华北军区后勤部运输部奉军委电令,决定将北京汽车修配厂移交军委总后勤部运输总部直接领导,改名为"中国人民解放军第六汽车制配厂"。同年7月8日,第一辆机踏车试车成功。目前,北京汽车制造厂有限公司主要生产战旗、陆霸、速威(原雷驰)、旋风二代、旗铃、陆铃等越野车。

第十九节　昌河铃木汽车有限责任公司

江西昌河铃木汽车有限责任公司是中日合资经营的企业,于1995年6月由江西昌河航空工业有限公司、江西昌河汽车股份有限公司、日本铃木株式会社、日本冈谷钢机株式会社共同出资成立。其下设江西省景德镇市和九江市两个生产基地,生产利亚纳三厢、两厢轿车和北斗星轿车,以及昌铃王微型车。其昌河微型车曾风靡中国大江南北。

第二十节　昌河汽车股份有限公司

江西昌河汽车股份有限公司坐落于闻名中外的瓷都景德镇,有着几十年生产汽车的历史。2001年7月,昌河股份A股在上海证券交易所挂牌上市。2004年11月19日,按照中航第二集团公司南北整合、机车分离的战略思想,昌河汽车与昌飞集团分立成为直接隶属于中航第二集团公司的企业。公司拥有景德镇、合肥、九江3个整车生产基地和九江1个发动机生产基地,具备年产30万辆整车和15万台汽车发动机的生产能力。公司生产爱迪尔、爱迪尔Ⅱ、昌河海豚、昌河骏马、福瑞达、昌河单/双排微型货车。

第二十一节　长丰(集团)有限责任公司

长丰(集团)有限责任公司是一家有着60多年历史的国有大型企业,是国家定点的汽车生产厂家。公司始建于1950年,前身为中国人民解放军第七三一九工厂。1960年10月改制成立了长丰(集团)有限责任公司。2001年9月移交湖南省管理。公司从1995年引进日本三菱Pajero轻型越野汽车制造技术,开发出猎豹汽车系列产品,并形成年产3万辆轻型越野汽车的生产能力。公司生产的车型有猎豹、帕杰罗 V77 旗舰、猎豹奇兵、猎豹飞腾、黑金刚、帕杰罗 V73 等。

第二十二节　东南（福建）汽车工业有限公司

1995 年 11 月 23 日，东南（福建）汽车工业有限公司（简称东南汽车）在福建省福州市成立，其由台湾地区最大的汽车企业裕隆企业集团所属的中华汽车公司与福建省汽车工业集团公司福州汽车厂合资组建而成，是迄今为止经国家正式批准成立的最大的海峡两岸合资汽车企业。东南汽车以三菱整车技术为基准，采用当今世界先进设备与现代化的管理模式。东南汽车具有"鹏起东南，行诸四海"的企业理念与雄心。其车标"鹏鸟"造型代表着王者的高贵，带给消费者高品位及尊荣感的视觉印象。头部的造型设计，由东南昂首朝上，表现出振翅欲飞的态势，展现出企业旺盛、强烈的进取心及能力。椭圆造型，象征源源不断的能量感，更如一颗永远追求进步和卓越的心灵。刚中带柔的线条，凸显东南汽车是"稳固、实用、高质量"的好车。整体展现出前瞻的、跃动的、深具能量的企业风格。

第二十三节　哈飞汽车工业集团有限公司

哈飞汽车股份有限公司于 1994 年 9 月 20 日创建，是经国家批准成立的中外合资企业。2006 年 3 月 7 日成立的哈尔滨哈飞汽车工业集团有限公司是中国汽车及汽车发动机骨干生产企业和研发基地。下属企业包括哈飞汽车厂、东安动力厂、东安三菱、东安机电、深圳分公司、威海分公司。公司的主要产品有轿车、微型客车、厢式货车、单 / 双排座微型货车，可分为与意大利联合设计开发的哈飞中意、路宝、赛豹系列；引进日本三菱公司技术联合开发的哈飞赛马系列和哈飞自行设计开发的哈飞民意、哈飞锐意、哈飞百利、普通微型客车与货车系列三大类别。

第二十四节　江铃控股有限公司

江铃控股有限公司是 2004 年 10 月由长安汽车股份有限公司和江铃汽车集团公司共同出资组建的合资企业。

长安汽车和江铃汽车是国内汽车行业知名企业。长安汽车主营微型客货车、小型商务车和轿车,在国内微型车市场排名第一,也是国家批准的5家重点扶持发展轿车的基地之一。江铃汽车主营轻型汽车及相关零部件,在商用车领域拥有举足轻重的地位。从产业方面来看,长安汽车和江铃汽车具有很强的互补性,两家强强联合,能实现双方在技术、产品及市场区域等方面的优势互补。目前,江铃控股拥有三大生产基地:陆风基地、江铃汽车股份有限公司商用车生产基地和小蓝工业园生产基地。

第三篇

汽车名人

第一章　欧洲的汽车名人

　　欧洲是汽车和汽车工业的发源地，1886年前后一群大胆而富有想象力的欧洲人，如卡尔·本茨、费迪南德·波尔舍、安德烈·雪铁龙、恩佐·法拉利、尼古拉斯·奥托等，催生了20世纪的汽车工业。

第一节　现代汽车之父——卡尔·本茨

　　卡尔·本茨（图3-1-1）是德国著名的戴姆勒–奔驰汽车公司的创始人之一、现代汽车工业的先驱者之一，人称"汽车之父""汽车鼻祖"。

1. 早期生涯

　　卡尔·本茨于1844年11月24日出生于德国，父亲原是一位火车司机。从中学时期，卡尔·本茨就对自然科学产生了浓厚的兴趣。1860年，他进入卡尔斯鲁厄综合科技学校学习，并有幸遇到了影响他一生的两位深信"资本发明"学说的老师。其间，他较为系统地学习了机械构造、机械原理、发动机制造、机械制造经济核算等课程，为日后的发展打下了良好基础。在经历了卡尔斯鲁厄机械厂学徒、制秤厂

图3-1-1　卡尔·本茨

的设计师、桥梁建筑公司工长、服兵役、娶妻生子等过程后，1872年他与奥格斯特·里特合作组建了奔驰铁器铸造公司和机械工厂，专门生产建筑材料。由于当时建筑业不景气，卡尔·本茨工厂经营困难，面临倒闭危险。万般无奈之际，卡尔·本茨想起了老师的"资本发明"理论，决定制造可以获取高额利润的发动机。

2. 发明汽车

　　他领来了生产奥托四冲程煤气发动机的营业执照，经过一年多的设计与试制，于1879年12月31日制造出第一台单缸煤气发动机（转速为200r/min，功率约为0.7kW）。但这台发动机并没有改变奔驰公司的经济窘境，其破产的威胁依然存在。这位不服输的德

国人,并没有被清贫打败。经过多年努力后,他终于研制出单缸汽油发动机,并将其安装在自己设计的三轮车架上,取得了世界上第一个"汽车制造专利权"(1886年1月29日)。但由于技术的问题,卡尔·本茨的汽车总是抛锚,被别人冷嘲热讽为散发着臭气的怪物。1888年8月,从始至终一直在卡尔·本茨身后默默支持他的夫人——贝瑞塔·林格做出了一个勇敢的决定。她带上孩子驾着卡尔·本茨的汽车,一路颠簸到了100km外的普福尔茨海姆探望孩子的祖母。随后,贝瑞塔·林格马上给卡尔·本茨发电报"汽车经受住了考验,请速申请慕尼黑博览会"。同年9月12日,卡尔·本茨的发明在慕尼黑博览会上取得非常大的轰动,大批客户开始向卡尔·本茨订购汽车。

3．事业发展

此后,他的事业开始蓬勃发展,奔驰拥有了德国最大的汽车制造厂,开始生产名扬四海的奔驰汽车。1893年,卡尔·本茨研制成功了性能先进的"维克托得亚"牌汽车。它采用卡尔·本茨专利的3L发动机,方向盘安装在汽车中部。尽管该车性能先进,但由于价格高达3875马克,因此很少有人购买得起。这种在技术上为奔驰带来了极高荣誉的汽车,在经济上并没有获利。后来卡尔·本茨听从了商人的建议,于1894年开发生产了便宜的机动车(定价2000马克)。这种机动车销路很好,在一年时间内就销出了125辆。由于是世界上第一种批量生产的机动车,因此给奔驰带来了较高的利润。后来,奔驰又对前期生产的"维克托得亚"牌汽车(图3-1-2)进行了改进,将车厢座位设计成面对面的18个,它因此成为世界上第一辆公共汽车。1899年,奔驰汽车公司改组为奔驰莱茵汽车股份有限公司,成为当时世界上最大的机动车生产厂家。

图 3-1-2　奔驰改进的"维克托得亚"牌汽车

第二节 杰出的汽车设计大师——费迪南德·波尔舍

费迪南德·波尔舍（图 3-1-3）是保时捷汽车公司创始人、著名的德国汽车工程师，被誉为"最杰出的汽车设计大师""赛车大王"。为大众制造汽车和设计制造划时代的赛车是他一生为之努力的两大理想。

1. 早期生涯

费迪南德·波尔舍出生于波西米亚的一个铁匠之家，年轻时便显示出对机械和电工的天分和兴趣。他 15 岁进入夜大学习，18 岁时获荐进入维也纳的一家电机公司（现瑞士公司 ABB 的前身）工作，工作之余到维也纳工学院旁听工程课。1896 年，21 岁的费迪南德·波尔舍凭借其发明的轮毂电机得到了英国授予的专利，并在 1897 年担任了这家电力公司实验部门的经理，这时他开始接触汽车。

图 3-1-3 费迪南德·波尔舍

1898 年，23 岁的费迪南德·波尔舍加入维也纳洛纳车身工厂，并正式开始了他的汽车生涯。由于已经有轮毂电机专利在手，费迪南德·波尔舍与洛纳开始着手设计一款可以应用轮毂电机的汽车。这一年，名为"Lohner-Porsche"（洛纳-保时捷）的双座电动车得以问世。它最大的特点是两个前轮上各装有一台电动机，每个轮毂电机提供不到 2kW 的动力输出，并采用和马车一样的造型。不过由于当时的电池能量密度低，因此该车的最高速度仅有 14km/h，充足电只可跑 50km。1900 年，他首创的电动汽车出现在巴黎世界工业产品博览会上，从此，他以"电动汽车之父"为世俗所知晓。

1905 年，他被聘任为戴姆勒公司奥地利分公司技术部经理，由于成功设计了"玛哈"牌汽车而获得了他有生以来的第一枚勋章。1910 年，他设计成功更为完善的"公爵"牌轿车。第一次世界大战后，面对萧条的德国经济，他曾建议戴姆勒公司老板开发平民轿车，可惜对方未能采纳。1926 年，戴姆勒公司与奔驰公司合并，由于许多意见与老板相左，他于 1929 年辞职。1929 年，费迪南德·波尔舍进入奥地利斯太尔公司任技术总监。之后他又获得斯图加特高等技术学院（斯图加特大学）颁授的名誉博士。但遇上经济大萧条，斯太尔很快被戴姆勒奔驰所收购，这时候费迪南德·波尔舍不愿意再次面对老东家，选择了离开。

2. 创立自己的汽车公司

辞职后的费迪南德·波尔舍于 1930 年创建了自己的公司——保时捷汽车设计所。他打算先在运动车和赛车领域做出一番成绩。1934 年，他以全新角度设计出了具有 16 缸增压式发动机的第一辆保时捷赛车（车头占 1/3，车尾占 2/3，车的前后配重比为 1∶1，油箱安置在车的中部，无论油量多少都不影响车的重心位置），并以 7.5 万美元的价格将图纸卖给了德国汽车联盟。这辆外形新颖、性能优良的赛车，在以后举行的多次比赛中都有出色表现，成为唯一能与早已成名的"梅赛德斯"进行较量的车型，先后打破了 8 项世界纪录，夺得过场地赛、越野赛、登山赛等各项赛事的冠军。德国民众虔诚地将这辆赛车取名为"银箭"（图 3-1-4），表达了他们对它的无限敬意。由于它的出色表现，"银箭"造型确定了日后国际环形赛车场地用车的基本外形。

图 3-1-4　"银箭"赛车

3．设计制造"甲壳虫"汽车

设计和制造赛车的巨大成功，并没有使费迪南德·波尔舍忘记自己开发平民车的理想。1934 年，费迪南德·波尔舍向德国交通部递交了一份报告，建议着手设计小轿车，以提高居民出行的机动性，并向德国政府报送详细财务计划。这份报告正中希特勒下怀，这位雄心勃勃的独裁者希望每个德国人都有一辆汽车，就像美国一样。于是德国政府指定德国汽车协会代表政府与保时捷公司签订协议，由保时捷公司设计试制大众化的汽车。从 1935 年起，费迪南德·波尔舍带领设计小组按照"坚固可靠、经济实用、技术全面成熟"的 3 条原则开发设计大众型轿车。1936 年 10 月 12 日，3 辆大众型"V-1"轿车开发成功，并通过了技术鉴定。1937 年 5 月，大众汽车公司成立。1939 年 8 月生产出第一批"大众"轿车——"甲壳虫"汽车。但是，由于受第二次世界大战影响，他生产平民车的梦想破灭了，战前累计生产的 210 辆"甲壳虫"车全部装备了德军军官。第二次世界大战结束后，大众公司加紧生产由费迪南德·波尔舍先前设计的"甲壳虫"汽车。由于该车占领了平民车这个最大的市场，故取得了极其辉煌的成就，累计产销 2100 多万辆。

第三节 挑战极限的发明家——安德烈·雪铁龙

安德烈·雪铁龙（图3-1-5）是法国雪铁龙汽车公司的创始人，被誉为"法国汽车之父"，并有"热衷于挑战极限的发明家"的称号。他一生都在为创新与发明进行着不懈的奋斗，并乐此不疲。他独到、敏锐的眼光和勇于冒险的性格，为雪铁龙汽车带来无与伦比的激情与活力。他发明了人字形齿轮传动系统和发动机前置、前轮驱动汽车，也非常重视汽车生产管理和汽车销售。

图3-1-5 安德烈·雪铁龙

1. 早期生涯

安德烈·雪铁龙出生在法国巴黎，父亲是个从事珠宝生意的商人。父母因生意上的变故先后离开人世，安德烈·雪铁龙落入家破人亡的境地。生活艰难的安德烈·雪铁龙立下掌握一门可靠的技术、将来当一名工程师的志向，考取了著名学府巴黎综合工科学院。由于对科学充满崇拜和信任，他认定科技进步将给人类带来幸福。

2. 发明人字形齿轮

22岁那年他去波兰外婆家探亲度假，途中因注意到一个装置上按人字形拼成的齿轮而获得灵感，回来后发明了人字形齿轮传动系统，并获得专利。在获得文凭、服完兵役后，他于1913年创立了自己的公司，专门从事齿轮传动机的生产。随后他兼并其他公司，扩大规模，使整个欧洲成为人字形齿轮的市场。

3. 流水线制造汽车

参观福特汽车公司带给安德烈·雪铁龙极大的震动，他决定进入汽车制造业。他将自己十分欣赏的福特大批量流水线生产方式第一个引入法国，用于自己的工厂；用人字形齿轮作为雪铁龙公司产品的商标。1919年，其在欧洲率先批量生产7A前驱动汽车（图3-1-6），到1923年，日产量已达200辆；到1924年，日产量则达300辆。雪铁龙成为欧洲的成功汽车厂家之一。1924年7月28日，雪铁龙汽车公司正式挂牌成立。

图 3-1-6　雪铁龙 7A 前驱动汽车

4. 营销和售后服务管理

安德烈·雪铁龙不仅将美国的生产线带入法国，美国式的营销方法和售后服务措施也被安德烈·雪铁龙运用于自己的公司。安德烈·雪铁龙坚持认为：汽车厂卖的不只是汽车，还有无微不至的服务。他逐步完善了汽车买卖方式，创立了一年保证期制度，建立分销网，罗列出零件目录及维修费用一览表，使所有销售点、维修点的费用得以统一。1922 年，他大力推广分期付款售车方式，成立了全国第一个专司分期付款的机构，并在国外创办了不少汽车出租公司，在全国各地形成了一个游览车服务网。

5. 广告宣传

安德烈·雪铁龙在对公司和产品的宣传方面可谓煞费苦心。他在法国各地十字路口竖立起雪铁龙标牌，强化了人们对其标志的印象；他让汽车从高山上翻滚而下以证明车身的坚固耐用；他雇用飞机以五彩的烟火在空中画出"雪铁龙"字样；更为绝妙的是，他于 1925 年在巴黎埃菲尔铁塔以霓虹灯方式做广告，使巴黎四周 30km 以内都可看到；1923 年，他发起了穿越撒哈拉大沙漠的大型车赛；1924 年又组织了贯穿全非洲的"黑色之旅"赛车活动；1927 年，美国人林白驾机成功穿越北大西洋，他竭力说服这位英雄去自己的工厂接受工人们的祝贺，结果第二天的报纸就登了这样的文章——"林白访问雪铁龙"；自 1928 年起，雪铁龙每月月末在法国 100 家大报刊登大幅广告；1931 年他在法国巴黎开办了当时全球最

第一章 欧洲的汽车名人

大（长 400m）的汽车商场，除了经销汽车外，也在场内放映电影和开办音乐会。这些创意、策划大大加深了雪铁龙车的品牌效应。

6. 技术革新

富有的安德烈·雪铁龙在生活上不求豪奢，只是不断地投资于工厂和开发新车型，追求技术上的不断进步，他甚至声称"只要主意好，代价不重要"。在工程师勒费伯的建议下，安德烈·雪铁龙决定在新研制的汽车上采用一系列全新的技术——前轮驱动、流线型车身、自承重设计、扭力杆悬挂装置、液压制动、悬浮马达、自动变速器。由于所需经费庞大，他只好向部分经销商及米其林公司请求赞助。虽然这种后来被人们称之为"强盗车"的前轮驱动车给雪铁龙公司带来了极大的荣誉和滚滚利润，但在当时因研究周期过长，产品未能如期推出，加之匆匆投产后又存在着许多设计、制造方面的缺陷，其销路受阻，安德烈·雪铁龙顿时负债累累，不得不将公司卖给米其林公司。

第四节 赛车之父——恩佐·法拉利

恩佐·法拉利（图 3-1-7）是世界著名的赛车手、意大利法拉利公司的创始人，人称"赛车之父""赛车狂"。

1. 早期生涯

恩佐·法拉利出生于意大利一个小工厂主之家。10 岁那年，父亲带他到波伦亚观看了一场汽车比赛。赛车场那集惊险、刺激于一体的惊心动魄的场面深深地吸引了他，他盼望着自己也能成为一名优秀赛车手。13 岁那年，他千方百计地说服了父亲，允许他单独驾驶汽车，从此，他与汽车结下了不解之缘。1916 年，恩佐·法拉利的父亲因病去世，不久，战争又夺去其兄性命，他本人也不得不应征入伍。战后他先在都灵汽车公司当验车员，后转入米兰

图 3-1-7 恩佐·法拉利

CNN 汽车公司当试车手。1919 年，他驾驶 CNN 赛车参加了第一次世界大战后第一次探戈·佛列罗大赛（环西西里岛拉力赛），获得了第 9 名。这个成绩引起了阿尔法·罗密欧公司的注意。1920 年，恩佐·法拉利进入阿尔法·罗密欧车队。他通过关系为阿尔法·罗密欧挖到了菲亚特公司著名工程师维多利·亚诺。维多利·亚诺的技术才干加上恩佐·法拉利的组织能力与赛车狂热为阿尔法·罗密欧车队的崛起奠定了基础。1922 年，维多利·亚诺为公

司制造出第一辆有实力的赛车。1923 年，恩佐·法拉利驾驶着它在拉文纳汽车赛中获得亚军。1924 年，在库帕·阿瑟伯汽车赛上，恩佐·法拉利率领阿尔法·罗密欧车队一举战胜了德国梅赛德斯车队。此役为阿尔法·罗密欧公司和恩佐·法拉利赢得了广泛关注，恩佐·法拉利也被意大利政府授予"骑士"爵位。

2. 组建法拉利车队

1929 年，恩佐·法拉利离开阿尔法·罗密欧公司，回到家乡创立了法拉利赛车俱乐部，组织了法拉利车队，独立参加比赛。阿尔法·罗密欧公司把公司的赛车工作也交给了法拉利，使法拉利车队成为半正式的阿尔法·罗密欧车队。1930～1933 年，车队在所参加的一系列比赛中取得了辉煌的战绩。1934～1938 年，汽车比赛的冠军几乎被德国的汽车联盟车队（保时捷率领）和奔驰车队垄断。1938 年，恩佐·法拉利彻底脱离了阿尔法·罗密欧公司，伟大的工程师维多利·亚诺也与法拉利车队分手了。由于恩佐·法拉利掌握着阿尔法·罗密欧公司的技术资料，该公司向法院起诉。1939 年，法院裁定恩佐·法拉利在 4 年内不得以自己的名字制造汽车。

3. 再振雄风

1945 年，第二次世界大战结束，恩佐·法拉利立即行动起来，全力实现自己的心愿。1947 年，恩佐·法拉利生产出第一辆车，并以自己的名字进行命名——法拉利 Tipol25，以跳马图为商标。在以后的 3 年时间里，恩佐·法拉利又相继生产了 Tipo166、Tipo195、Tipo212、Tipo225 等型赛车。由于赛车的性能需要在赛车场上才能得到检验，因此，恩佐·法拉利积极参加各种汽车大赛，借以检验、宣传自己的赛车。法拉利赛车没有辜负他的期望，先后夺得过多项桂冠：在 1951 年的迈勒·米格拉尔汽车大赛上，排量 4.1L 的 Tipo375 获胜；在布宜诺斯艾利斯 1000km 汽车赛上，排量 4.9L 的 Tipo410 夺魁；1956 年，经过恩佐·法拉利改造的蓝旗亚车一举夺得了世界汽车竞赛的最高荣誉——一级方程式赛车年度总冠军。这一连串的胜利，奠定了法拉利赛车在世界车坛至高无上的地位（图 3-1-8）。

图 3-1-8　法拉利参加比赛

4. 被菲亚特收购

恩佐·法拉利除了制造赛车并参加大赛以外，还积极策划制造法拉利跑车，以求以车养车，用出售跑车所获得的利润来支持自己的赛车计划。可惜小规模的跑车生产获利有限，难以支持赛车队庞大的开销，经济常常陷入困境。不过，由于恩佐·法拉利声誉极高，多次为国家争得过荣誉，几乎成为意大利汽车业的形象代表，因此，财大气粗的菲亚特公司在财政方面经常给予无私帮助。美国福特公司一度有意收购法拉利公司却被恩佐·法拉利本人坚决拒绝。他担心自己的公司归于福特公司以后，一来对方会借法拉利车的成绩宣传自己的形象（这不利于意大利的汽车工业），二来自己的赛车计划会受到一定程度的干扰。1969年，恩佐·法拉利答应让本国的菲亚特公司收购，条件就是对方在今后不得干扰其赛车活动。直到20世纪80年代末期，近90岁高龄的恩佐·法拉利还坚持到公司上班，并扮演着决策者的角色。

5．总结

多年以来，汽车界已经形成了这样的共识：只要提到法拉利，大家就会想到赛车和跑车；只要提到汽车科技的先进水平，大家就会想到红色的法拉利。法拉利车集技术性、艺术性于一体，采用了类似于劳斯莱斯、保时捷、兰博基尼等世界名车那样的半机械、半手工化的加工工艺精心制作，质量一丝不苟，堪称稀世珍品。

第五节　尼古拉斯·奥托

尼古拉斯·奥托（图3-1-9）是德国工程师、内燃机技术的奠基人。

1．早期生涯

尼古拉斯·奥托出生在德国霍尔照森镇。他还在襁褓中时父亲就去世了。尼古拉斯·奥托读书时是一个出色的学生，却在16岁从中学辍学，曾靠杂货批发生意为生。1861年，受法国勒努瓦发明的启发，尼古拉斯·奥托开始研究发动机。他花费大量时间、金钱来研究、试验发动机，并制造了他的第一台煤气机。1862年，他试验成功了中压煤气发动机，并投入生产，一年销售了50台，并于1863年获得专利。1864年，他与德国工业家E·朗根合作组成一个公司，制造和出售这种煤气机。

图3-1-9　尼古拉斯·奥托

2．"奥托循环"问世

1866年，尼古拉斯·奥托研制出具有划时代意义的立式活塞式四冲程内燃机，转速达到80～100r/min（图3-1-10）。同时，尼古拉斯·奥托提出的四冲程内燃机的"奥托循环"

图 3-1-10　立式活塞式四冲程内燃机

理论，为内燃机的发展奠定了理论基础。直至今日，所有四冲程汽油机仍然应用"奥托循环"理论。1876年，尼古拉斯·奥托将点火系统进行了改进，试制出第一台实用活塞式四冲程内燃机，其转速提高到250r/min，运转十分稳定，并于1877年8月4日取得专利，随后成批投入生产，仅在随后的10年中就销售了3万多台。

3. 恒久弥香

1886年，尼古拉斯·奥托内燃机的专利被宣布无效，因为竞争者提出，在尼古拉斯·奥托之前，法国的罗夏已经获得过四冲程循环的发明专利。但罗夏并没有制成任何实际的四冲程循环内燃机，而尼古拉斯·奥托是第一个应用四冲程循环原理制成内燃机的人，尼古拉斯·奥托还提出了内燃机的工作原理。尼古拉斯·奥托创造的内燃机工作原理，一直在现代汽车上沿用至今。

第六节　柴油机之父——鲁道夫·狄塞尔

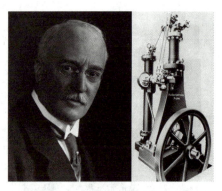

图 3-1-11　鲁道夫·狄塞尔和他的柴油机

鲁道夫·狄塞尔（图3-1-11）是德国工程师、柴油发动机的发明者，被称为"柴油机之父"。

1. 早期生涯

鲁道夫·狄塞尔生于巴黎的德裔家庭。鲁道夫·狄塞尔学习勤奋，中学毕业时以最高分数获得了奖学金，进入慕尼黑工业大学学习。1879年，鲁道夫·狄塞尔大学毕业，当上了一名制冷工程师。在工作中鲁道夫·狄塞尔深感当时的蒸汽机效率极低，萌发了设计新型发动机的念头。在积蓄了一些资金后，鲁道夫·狄塞尔辞去了制冷工程师的职务，自己开办了一家发动机实验室。

2. 开始研究压燃式内燃机

当时尼古拉斯·奥托发明的点火式内燃机已较为成熟，但那时奥托发动机的燃料是煤气，储存、携带均不方便，效率也受到影响。19世纪末，石油产品在欧洲极为罕见，于是鲁道夫·狄塞尔决定选用植物油来解决机器的燃料问题。他用于试验的是花生油，因为植物油点火性能不佳，无法套用奥托内燃机的结构。鲁道夫·狄塞尔决定另起炉灶，提高内燃机的压缩比，利用压缩产生的高温高压点燃油料。后来，这种压燃式发动机循环便被称为"狄塞尔循环"。

但是，鲁道夫·狄塞尔的前进道路上困难重重。试验证明，植物油燃烧不稳定，成本也太高，难以承担鲁道夫·狄塞尔的"重任"。好在当时石油制品在欧洲逐渐普及，鲁道夫·狄塞尔选择了本来用于取暖的重馏分燃油——柴油作为机器的燃料。压燃式发动机的结构强度始终是个难题。一次试验中，气缸上的零件像炮弹碎片一样四处飞散，差点儿造成人员伤亡。试验不顺利，鲁道夫·狄塞尔的资金也逐渐耗尽。他不得不回到制冷机工厂谋生。但鲁道夫·狄塞尔没有向困难屈服，他利用业余时间继续试验，一步步完善自己的机器。

3. 压燃式内燃机诞生

1893年，鲁道夫·狄塞尔经过多年潜心研究，提出了压燃式柴油机理论。1893—1897年，鲁道夫·狄塞尔不断完善发动机的各方面性能。1893年第一次试验时，压力达到了80atm（1atm=1.013 25×10⁵Pa），为当时人类第一次记录下来的最高压力，但是立刻发生了爆炸。经过第一次失败后，鲁道夫·狄塞尔改进机器并在1894年继续试验。这次试验运转了1min，证明这种原动机有强大的发展潜力。1896年柴油机试验成功。1897年鲁道夫·狄塞尔完善了他的发明。他在奥格斯堡亲手点燃发动机的那一瞬间，引爆了一次新的科技革命。这台于1897年试验的发动机就是后来狄塞尔发动机的原型（图3-1-11），它的功率为14W，远远超过当时的蒸汽机和已经发明的奥托发动机。这种发动机的特点是功率大、油耗低，可使用劣质燃油。到现在，柴油发动机在汽车、船舶和整个工业领域都得到了非常广泛的应用。

第七节 转子发动机之父——弗力斯·汪克尔

弗里斯·汪克尔（图3-1-12）是德国工程师，被誉为"转子发动机之父"。

1. 早期生涯

弗里斯·汪克尔出生在德国，1921—1926年受雇于海德堡一家科技出版社的销售部。1924年，弗里斯·汪克尔在海德堡建立了自己的公司，他花了大量时间在那里进行转子发动机的研制。1927年，诸如气密性和润滑等的一系列技术问题的攻克终于有了眉目，并于1929年取得第一个转子发动机专利。第二次世界大战期间，他从事军用航空发动机研究。

图3-1-12 弗里斯·汪克尔

2. 转子式内燃机诞生

1951 年，弗里斯·汪克尔在德国 NSU 公司继续进行转子发动机的研究。1954 年 4 月 13 日，NSU 公司研制成功第一台转子发动机。1958 年，美国柯蒂斯 – 莱特公司与弗里斯·汪克尔所在的德国 NSU 公司合作研究，使发动机结构变得更简单、合理，体积、质量和零件数量减少一半以上，运转平稳、振动小、排放低，并于 1959 年经过寿命试验后获得成功。1960 年，第一辆装有转子发动机的轿车在 NSU 公司问世，并在德国工程师协会的一次讨论会上作首次公众讨论。3 年后，NSU 公司在法兰克福车展上展出了装备汪克尔转子发动机的新车型。1964 年，NSU 公司和雪铁龙在日内瓦组建合资企业 COMOBIL 公司，首次把转子发动机装在轿车上成为正式产品。

不过转子发动机的大量应用不在德国，而是在日本。1967 年，日本东洋工业公司（现马自达）购买了汪克尔转子发动机的专利，解决了一些技术问题，并将其装在马自达轿车上开始成批生产。

第二章　美国的汽车名人

著名的汽车公司与品牌都是由汽车企业家、科技专家和制造者世代拼搏，付出心血和汗水换来的。每一个汽车企业的创始人，都有一段传奇故事。

第一节　通用的缔造者——威廉·杜兰特

威廉·杜兰特（图 3-2-1）是世界汽车发展史上的一位传奇人物。当他看到了汽车的发展前景时，果断地利用自己手中掌握的巨额资金创建了今天名震全球的通用汽车公司。

1. 早期生涯

威廉·杜兰特出生于美国的马萨诸塞州波士顿市，自小就和母亲一起被嗜酒成性的父亲丢弃，10 岁起与母亲一起住在颇为富裕的外婆家。1878 年，威廉·杜兰特 17 岁时便辍学，在祖父的木柴厂当起了办事员。在木柴厂威廉·杜兰特如鱼得水，很快成长为一个成功的推销员和企业管理者。不久他便将自己的业务拓展到了专利药品、雪茄和房地产等更能赚钱的行业。1886 年，威廉·杜兰特对马车制造产生了极大的兴趣，于是，他投资 1500 美元在弗林特市与道拉斯·道特共同建立了一家马车制造公司，从事当时有很高盈利的马车制造。他凭借自己出色的销售经验和才华，让马车公司的业务取得了突飞猛进的发展，很快成为世界著名的厂家之一。

图 3-2-1　威廉·杜兰特

2. 制造汽车

威廉·杜兰特以商人的敏锐眼光看到了汽车业蓬勃发展的远大前景，密切注意着汽车制造行业的经营动态，寻找进入这一领域的合适时机。1904 年，别克汽车公司的经营陷入困境，威廉·杜兰特预感到这是一个使他涉足汽车制造领域的天赐良机，果断地拿出 50 万美元对其进行资助。后来，随着进一步的资金投入，他完全控制了这家公司。入驻"别克"品牌之后，威廉·杜兰特再次充分施展了他在销售方面的特长。1905年,他将别克汽车带到了纽约汽车展览会,而后带回来了1 108辆轿车的订单。但由于公司生产能力有限,结果只造出了20辆,公司在经济和信誉两个方面蒙受了损失,威廉·杜兰特因此被停职。停职后的威廉·杜兰特不甘寂寞,仍在为公司四处活动,这是别克公司在当时得以发展的重要原因之一。

3. 建立通用

1908年9月16日,乔治·E·丹尼尔等以2 000美元的微薄资金,在新泽西州联合组建了早期的通用汽车公司。同年9月28日,威廉·杜兰特列席了通用的内部会议,并表示自己愿意将别克公司卖给通用,他本人愿意为通用效力。3天后,通用以375万美元的价格收购了别克公司,威廉·杜兰特如愿以偿地进入了通用。公司规模的扩大使威廉·杜兰特十分乐观,他认为通用汽车公司每年在美国市场上出售50万辆车其实是一件轻而易举的事情。为此,他认为应该将当时的一些汽车生产商合并起来,组成一家大的汽车公司。于是,他采用了以股票换股票的方式将20多家汽车制造厂、汽车零部件制造厂及汽车推销公司合并起来。其中包括凯迪拉克(Cadillac)、奥兹莫比尔、Northway和奥克兰(Oakland,庞蒂克汽车公司的前身)等知名汽车企业,形成了一家巨型汽车企业。

在组建了通用汽车公司后,威廉·杜兰特根据多年的马车制造及销售经营经验,认为汽车产品需要像马车一样,能提供各种款式和各种品牌,来满足不同收入阶层的不同喜好。正如他认为的那样,在短短的两年时间内,通用生产凯迪拉克、别克、奥克兰等十多种不同样式的汽车,给消费者提供了更多的选择余地。正是这点,让通用汽车在开创之初超过了福特及其创始人的"一个型号适应所有人"的模式(福特T型车)。1910年,通用汽车当年利润超过了1 000万美元,这对于一个年轻的公司来说是非常惊人的。

4. 陷入低谷

尽管通用汽车的多品牌战略在一开始获得了成功,但是到了1911年,由于扩张太快,下属各企业是各自独立的经营单位,加之威廉·杜兰特既没有建立必要的公司管理机构,又没有建立必要的现金储备,仅凭销售汽车所获得的现金来支付原材料费用及职员工资,通用汽车公司陷入低谷。此时,威廉·杜兰特主要的竞争对手——亨利·福特生产的T型车,由于价格低廉、没有任何装饰,变得更为畅销,而通用汽车陷入了亏损的泥潭,出现了严重的资金危机。为了渡过难关,威廉·杜兰特在走投无路的情况下,只好向财团求救。财团接受了通用汽车的举债请求,但他们认为亏损的出现是由威廉·杜兰特仓促的冒险行为引起的,便开出了极为苛刻的条件,既要威廉·杜兰特辞职,又要通过信托方式控制通用汽车。威廉·杜兰特只好无奈地离开了他一手打造出来的通用汽车,他的人生陷入了第一个低谷。

5. 重振雄风

退出通用公司的威廉·杜兰特并不是能轻易被打倒的。他联合路易斯·雪佛兰创建了雪佛兰（Chevrolet）汽车公司，开始制造雪佛兰汽车。这一经济车型迅速占领了市场很大的份额。威廉·杜兰特聪明地将手中的部分雪佛兰股份换成通用汽车的股份，于 1916 年将通用公司从银行家的控制下重新夺了回来，使其变成了雪佛兰的一家子公司。后来，威廉·杜兰特成立了股份制的新通用汽车公司，并用新通用股票调换老通用股票，取得了老通用的全部股权。1917 年 8 月 1 日，新"通用汽车"完全取代了老"通用"。

在重新获得通用公司的领导权以后，威廉·杜兰特又自满自足起来，他无意接受董事会的领导，完全凭个人的力量经营公司；他不去研究公司的内部管理，只是热衷于扩大公司规模（4 年间，通用汽车公司的规模扩大了 8 倍）；他不去协调各经营部门相互之间的关系，导致分公司各自为政；他不去关心公司的整个产品战略规划，以致分公司之间的产品相互重复，无法形成"一致对外"的市场竞争格局……威廉·杜兰特的一系列失误，导致了通用公司 1920～1921 年的严重危机。由于产品质量下降，汽车销量急剧减少，而原先订购的原材料又源源不断地运到，因此库存日益加大，周转资金严重不足，公司濒临倒闭。在公司上下的一片反对声中，威廉·杜兰特被迫于 1920 年 11 月辞职，永久地离开了通用汽车公司。

后来，威廉·杜兰特默默无闻地度过了他的余生。

第二节　汽车大王——亨利·福特

亨利·福特（图 3-2-2）是美国汽车工程师与企业家、福特汽车公司的建立者。

1. 早期生涯

亨利·福特出生于美国密歇根州韦恩郡的史普林威尔镇。亨利·福特的父母威廉和玛利·福特是来自爱尔兰的移民，亨利·福特出生在他父母拥有的一座农庄上，他是 6 个孩子之长。他从小就对机械感兴趣。12 岁时他花了很多时间建立了一个机械坊，15 岁时他亲手造了一台内燃机。1879 年，他离开家乡去底特律做机械师学徒工，学成后他进入西屋电气公司。

图 3-2-2　亨利·福特

2. 制造汽车

1891 年，福特成为爱迪生照明公司的一个工程师。当他 1893 年晋升为主工程师后，他有足够的时间和钱财进行内燃机的研究。1896 年他制造了他的第一辆汽车,并将它命名为"四轮车"。

3. 创建公司

此后他与一些发明家离开爱迪生照明公司,他们一起成立了底特律汽车公司。但这家公司很快就倒闭了,因为亨利·福特一心只想研究新车而忽视了卖车。他的第二家公司——亨利·福特公司的主要产品是他的赛车,1901 年 10 月 10 日他甚至自驾赛车并获胜。但不久他的资助者就迫使他离开了亨利·福特公司。

4. T 型车与流水线作业

1903 年 6 月 16 日,亨利·福特再次成立汽车公司,并一直担任总经理。同年,公司生产出第一辆福特牌汽车。1908 年,亨利·福特又制成 T 型福特汽车。这种大众化汽车深受欢迎,畅销欧洲。1911 年,他在密苏里州堪萨斯城建成第一家汽车装配工厂。1913 年,亨利·福特创立了全世界第一条汽车流水装配线。这种流水作业法后来被称为"福特制",并在全世界广泛推广。这种制度是在实行标准化的基础上组织大批量生产,并使一切作业机械化和自动化,成为劳动生产率很高的一种生产组织形式。1914 年,他首次向工人支付 8 小时 5 美元的工资,改变了美国工人的工作方式。

5. 公司发展

1919 年亨利·福特买下了公司其他股东的股份,独占了该公司。他还利用花旗银行的资金扩大再生产,使公司成为 20 世纪世界最大的汽车公司。亨利·福特本人也被称为"汽车大王",其家族成为美国几个主要财阀之一。1927 年,公司停止生产 T 型福特车,开始制造新式的 A 型车。1936 年,亨利·福特与他的儿子埃兹尔·福特一起于在密歇根州创立了美国福特基金会。一开始它是一个地区性的福利机构,其目的是广泛地改善民众福利。该基金会发展极快,到 1950 年已经成为一个国家性和国际性组织。1943 年,亨利·福特的独生子埃兹尔·福特死后,他把公司许多企业的指挥权交给其孙子亨利·福特二世。

第三节　机械天才——沃尔特·克莱斯勒

沃尔特·克莱斯勒(图 3-2-3)是美国克莱斯勒汽车公司创始人,被誉为"机械天才",是世界上越野车和厢式旅行车的开山鼻祖。

1. 早期生涯

沃尔特·克莱斯勒出生在美国的一个铁路工人之家。17岁时，沃尔特·克莱斯勒立志当一名机械师。18岁时，他制造了一辆微型蒸汽车，虽然这辆车更像是一件玩具，但其五脏俱全，可以在后院里他专门铺设的轨道上行驶。20岁那年，他被一家工厂聘为机械师，可以拿到一份令人羡慕的薪金。但是，沃尔特·克莱斯勒有着强烈的好奇心，不愿意始终待在一个岗位上，总想寻找其他发展机会。年轻的沃尔特·克莱斯勒到底换过多少次工作，恐怕连他自己都记不清楚，直到33岁那年，他才相对稳定地受聘担任了芝加哥西部铁路的动力总负责人。

图 3-2-3　沃尔特·克莱斯勒

2. 投身汽车事业

1908年，他参观了芝加哥汽车展览会，会上展出的形态各异的汽车使他大开眼界，于是他决心投身于这一富有竞争性的事业当中。1910年，沃尔特·克莱斯勒辞掉了年薪1.2万美元的工作，受聘担任了通用汽车公司别克分部中一家工厂的技术经理，年薪只有6 000美元。由于精通机械、技术超群，他在通用公司的作用越来越重要。1912年他的年薪增加到2.5万美元，1915年增加到5万美元。通用一心一意想留下他为公司效力，但沃尔特·克莱斯勒本人产生了离开通用，独自去干一番事业的想法。正在此时，威廉·杜兰特重返通用，为了振兴通用，急于招揽一批人才，对沃尔特·克莱斯勒竭力挽留。威廉·杜兰特不仅委任他担任了别克部的主要负责人和公司第一副总经理，而且将其年薪提高到50万美元。然而，由于沃尔特·克莱斯勒与威廉·杜兰特难以合作，他还是于1920年3月25日离开了通用。

3. 创立汽车公司

后来，沃尔特·克莱斯勒受聘于威利斯–奥弗兰汽车公司和马克斯威尔公司。1921年，当马克斯威尔即将倒闭时，他正式接管了公司的经营大权，名正言顺地对其进行了整改。沃尔特·克莱斯勒在汽车设计上大胆创新，在马克斯威尔汽车公司生产的克莱斯勒6号大获成功。这种采用了高压缩比发动机的汽车在市场销售中很受欢迎，问世当年就销出了3.2万辆，使公司声誉得以提高。他研制的菲密德、凯布、欧斯凯尔顿被称为"三名快枪手"。利用这一难得的良机，沃尔特·克莱斯勒接手改组了马克斯威尔公司，并于1925年6月6日正式宣布成立克莱斯勒汽车公司。1929年，克莱斯勒汽车公司跃升为美国三大汽车公司之一，后来还曾超过福特，位居过第二位。

第四节 通用奇才——艾尔弗雷德·斯隆

图3-2-4 艾尔弗雷德·斯隆

艾尔弗雷德·斯隆（图3-2-4）是通用汽车公司第八任总裁，被誉为第一位成功的职业经理人、20世纪最伟大的CEO、事业部制组织结构的首创人。美国《商业周刊》75周年时，艾尔弗雷德·斯隆获选为过去75年来伟大创新者之一。

1. 早期生涯

艾尔弗雷德·斯隆出生于美国康涅狄格州，10岁时随经营茶叶、咖啡进口生意的父母搬迁到纽约，1895年毕业于麻省理工学院，获电子工程学士学位（他后来资助该学院成立闻名世界的"斯隆管理学院"）。艾尔弗雷德·斯隆大学毕业后在联合汽车公司担任电气工程师，后来公司并于通用，1919年他进入通用担任副总经理。在任副总经理期间，他对通用的管理不善深感不安，曾给总经理写过3份有关内部管理弱点的专题报告，可惜刚愎自用的威廉·杜兰特对此不理不睬，最终导致了通用几乎倒闭。1921～1924年，通用进行了一系列的整顿与改组，涉及范围包括公司的经营方向、相互协作、行政管理体制、组织系统、生产计划、报告制度、产供销管理、从事管理、财务管理、海外扩张战略等。由于这次改革的全面与成功，通用发生了一次质的飞跃，在短时间内就跻身于世界工业企业的行列。而作为公司副总经理、总经理的艾尔弗雷德·斯隆，其自然功不可没。

1923年5月，继杜邦之后，艾尔弗雷德·斯隆成为通用公司的总裁。之后，一直任通用公司总裁、首席执行官、董事会主席至20世纪50年代。

2. 市场策略

艾尔弗雷德·斯隆力主引入不同价格的车型来迎合具有不同购买力的顾客；每年变更车型以刺激需求；引进彩色车；接受旧车作为抵价来购买新款车；创立高档车，以品质而不靠廉价取胜；成立分期付款购车的融资机构等。这些做法在今天早已司空见惯，可在当年都属首创。

3. 企业组织结构

艾尔弗雷德·斯隆在这方面所下的扎实功夫是他名垂青史的主要原因。他的做法的核心是把政策制定和政策落实分离：前者权限归总部决策委员会，后者在很大程度上由各经营单元自由运作，两者的交结则由运营指导委员会来协调。运营指导委员会其成员由经营单元的经理和决策委员会成员共同组成。另外，设立财务委员会主理财务决策，其成员绝大部分由外部董事来担任，取其中立无偏私的立场的优点，以此来确保投资效益和重大投资按总公司的战略方向进行。投资方面的工作由拨款委员会集中处理，由艾尔弗雷德·斯隆亲自掌控。

4. 日常运作

他加强了精细管理控制，订出指标，对工厂投资、流动资金、存货控制，以及对生产、销售和盈利都有定期（4个月）预测。艾尔弗雷德·斯隆极其重视预测，并引用了一系列方法来改进预测结果。同时，他也明白预测无法避免失误，在决策时常留有余地并随时调整。

5. 研究开发

斯隆深知技术领先是企业的命脉，很重视研究开发。在他的倡导下，不但各子公司有各自的研究力量，总部还专门设立研究机构，除了应用型机构外，也支持基础研究。艾尔弗雷德·斯隆有长远眼光，他认为基础研究早晚会有益于社会及盈利目标，这在当年的私人企业里是相当罕见的。

6. 企业组织内部管理

斯隆将"鼓励员工及时提出异议"的做法系统化，并进行推广。他的目标在于使通用的气氛更加民主，以便听取意见；而绝不是培植出一群对自己唯唯诺诺的人。公司在听取异议时，应该遵循以下3个原则：①鼓励成员互相交流意见；②让成员知道如何反映这些意见；③永远不要处罚那些因为提出异议而表现过激的人们。这3个原则包含了一套切实可行的体系，保证公司管理高层能够听到各种不同意见。

为了使通用的众多子公司达成一致，他指示各分公司负责人要定期召开会议碰面，并且要求工程设计、制造生产和市场营销部门的负责人也出席。例如，一位工程师想要在汽车上增加一个零部件，他要先到生产部门去咨询这一做法的可行性；还要去市场营销部门了解增加的造价可能会对价格产生何种影响。

为了避免通用卷入任何一场矛盾之中，在担任总裁期间，艾尔弗雷德·斯隆创立了各种特别委员会，定期和不定期地召开圆桌会议，以满足各种需要。艾尔弗雷德·斯隆强调，这些委员会必须有做出决策的权力。在实施这些决策前，委员会要听取各个委员的不同意见。

在艾尔弗雷德·斯隆所建立的管理体制下，下属各分公司的经营积极性被充分地调动起来，汽车产量逐年上升，自1928年超过福特之后，雄居世界首位，其国内市场占有率由1921年的12%增加到1941年的44%。艾尔弗雷德·斯隆的成就，不在于让濒临破产的通用汽车公司在短短3年内反败为胜，而在于他建立的企业原则，虽历经半个多世纪以来的经营环境变动，但其管理创新仍被公认是企业思考的典范。例如，艾尔弗雷德·斯隆成功改造通用汽车公司25年后，亨利·福特二世，引用艾尔弗雷德·斯隆的企业原则，让福特重振雄风，之后有更多企业引用艾尔弗雷德·斯隆的企业原则。他的企业原则成为企业界的标准。

第五节　美国商业偶像第一人——李·艾柯卡

图 3-2-5　李·艾柯卡

李·艾柯卡（图 3-2-5）曾经担任过福特汽车公司的总裁，后又担任克莱斯勒汽车公司的总裁。他把这家濒临倒闭的公司从危境中拯救过来，奇迹般地东山再起，使之成为全美第三大汽车公司。他那锲而不舍、反败为胜的奋斗精神使人们为之倾倒。在 20 世纪 80 年代及 90 年代初，他成为美国商业偶像第一人。

1. 早期生涯

李·艾柯卡是一位意大利移民的儿子，出生于美国宾夕法尼亚州。父亲尼古拉从小喜爱汽车，很早就拥有一辆福特汽车公司最早期的产品——福特 T 型车。平时一有空，尼古拉就摆弄汽车，这一嗜好无疑也传给了儿子。李·艾柯卡学习成绩总是名列前茅。他毕业于美国利哈伊大学，得到工程技术和商业学两个学士学位。后又在普林斯顿大学获得硕士学位，其间，还学过心理学。1946 年 8 月，22 岁的李·艾柯卡来到底特律，在福特汽车公司当了一名见习工程师，从而开始了他在汽车业中的传奇生涯。

2. 显露管理才能

李·艾柯卡对整天同无生命的机器打交道的工作已感到索然无味，经过一番努力，他当上一名推销员。推销员的工作充满了酸甜苦辣。李·艾柯卡虚心好学，竭尽全力去干，很快学会了推销的本领，不久，他被提拔为宾夕法尼亚州威尔克斯巴勒的地区经理。为了提高自己的业绩，李·艾柯卡想出了分期付款的推销方法，使公司的年销量猛增了 7.5 万辆。李·艾柯卡也因此名声大振。不久，公司晋升他为华盛顿特区经理。几个月后，年仅 32 岁的李·艾柯卡又被调到福特汽车公司总部，担任卡车和小汽车两个销售部的经理。在总部，他开始显露出非凡的管理才能，深得上司的赏识。4 年后，即 1960 年 11 月 10 日，李·艾柯卡担任了副总裁和福特分部的总经理职务，时年 36 岁。

3. 委以重任

当上副总裁后，李·艾柯卡的才华得以全面发挥。他首先建立了季度检查制度，提高了经理人员的工作效率。接着，他又组织聪明并且具有创造性的年轻人每星期聚会一次，分析、预测消费者的心理和市场。李·艾柯卡敏锐地认识到，进入20世纪60年代后，美国出现了一股年轻化的社会变革浪潮。市场调查也证实，当时以后10年内汽车购买力的增长，至少一半来自年轻人。因此，他极力主张在设计新型车时必须把年轻人的要求和愿望放在第一位。他亲自组织了新车设计班子，夜以继日地研制。1962年年底，新车最后定型了，并定名为"野马"，"野马"第一年销售量竟高达41.9万辆，创下了全美汽车制造业的最高纪录。最初两年，"野马"型新车为公司创纯利11亿美元，他成了闻名遐迩的"野马之父"。后来"侯爵"、"美洲豹"、"马克3型"高级轿车型的推出，更是大获成功。1970年12月10日，李·艾柯卡终于如愿以偿地登上福特汽车公司总裁的宝座，成了这家美国第二大汽车企业中地位仅次于福特老板的第二号人物。但是，1978年7月13日，由于功高盖主，他被妒火中烧的大老板亨利·福特开除了。

4．再度出山

正当李·艾柯卡赋闲在家时，美国克莱斯勒汽车公司由于经营不善正濒临倒闭，希望有位能人来挽救残局。经朋友介绍，克莱斯勒汽车公司董事长约翰·李嘉图会见了李·艾柯卡，并表示如果他愿意重新出山，欢迎他到克莱斯勒汽车公司接替他的职位。

李·艾柯卡进入克莱斯勒汽车公司，任总裁不到一年他又接替了约翰·李嘉图的职位，登上了克莱斯勒汽车公司董事长的宝座。针对公司的种种弊病，李·艾柯卡果断采取行动，大刀阔斧地进行改革。他的第一项措施就是整顿队伍，关闭克莱斯勒汽车公司20个工厂，3年裁员7.4万人，35个副总裁被先后辞退33个，高层部门的28名经理撤掉了24个。留用员工减薪共计12亿美元，其中最高管理层的各级人员减薪10%，而他的年薪率先减至象征性的1美元。与此同时，他从福特汽车公司管理人员中挖来一些干将，又发掘和提拔了一些优秀人才，从而建立了一个拥有一流管理能手和理财专家的领导班子。

5．进一步改革

李·艾柯卡另一个重大举措是集中公司的人力、物力、财力，尽快拿出适销对路的产品。在他的多方奔走下，美国国会批准政府给予克莱斯勒汽车公司15亿美元的贷款保证。李·艾柯卡就用这笔巨款发展新型轿车。他根据20世纪80年代国际石油价格开始下降，美国国内汽油供应日趋缓和的新形势，预测市场上可容纳全家人的较大型车将走俏，便果断地决定将公司原有的"纽约人"牌中型车加大产量。同时他又开发出早已绝迹的敞篷汽车和高速省油的K型车。1982年，道奇400新型敞篷车先声夺人，畅销市场。这一年，李·艾柯卡终于使克莱斯勒汽车公司奇迹般地走出谷底，第一次出现盈利。1983年，公司出现历史最高利润——9.25亿美元。经过短短的3年，公司提前7年还清了全部贷款。1984年，公司取得了23.8亿美元的纯利润，形成90.6亿美元的资产。克莱斯勒终于从困境中站立起来了。

第三章　日本的汽车名人

自从 1978 年起，"车到山前必有路，有路必有丰田车"这句耳熟能详的广告语让丰田车在我国人心里留下了深刻的印象，而它的流行也意味着日本汽车公司开始大举进入我国市场。从最初的丰田皇冠 2.0、尼桑到今天的本田飞度、丰田花冠，日系轿车进入我国市场几十年了，我们对这些汽车的创始人又了解多少呢？

第一节　日本国产车之父——丰田喜一郎

图 3-3-1　丰田喜一郎

丰田喜一郎（图 3-3-1）是丰田汽车工业的创始人，是发展日本汽车工业的功臣，日本称他为"国产车之父"。他创造的"丰田生产方式"风靡全球，美国将这种生产方式总结为"精益生产"。

1. 早期生涯

丰田喜一郎的父亲丰田佐吉既是日本有名的纺织大王，也是日本大名鼎鼎的发明狂。丰田佐吉为了发展自己的工厂，将长子丰田喜一郎送到东京帝国大学工学系机械专业读书。大学毕业后，丰田喜一郎来到父亲的丰田纺织株式会社当了一名技师。经过 10 年磨炼，丰田喜一郎担任了管技术的常务经理。然而，目光远大的他并不满足于眼前的成就。当他发现汽车能给人们带来极大方便时，预感到这一新兴行业具有广阔的发展前景，决定从事汽车行业，他的这一想法得到了父亲的大力支持。1929 年年底，为了将纺织机专利卖给当时势力强大的普拉特公司，丰田佐吉派丰田喜一郎前往英国全权代表自己签订契约。在国外，他除了完成父亲嘱托的任务以外，还花费了 4 个月的时间体验了英国的汽车交通，走访了英、美尤其是美国的汽车生产企业，彻底弄清了欧美国家的汽车生产状况。这次国外之旅给他留下了极为深刻的印象，坚定了他发展汽车事业的决心。

2. 研制汽车

不久，丰田佐吉去世，临终前，他将儿子叫到身前，给他留下了最后一句话："我搞织布机，你搞汽车，你要和我一样，通过发明创造为国效力。"他还亲手将转让专利所获得的100万日元专利费交给儿子，作为汽车研究起动经费。丰田佐吉去世以后，公司总裁的职位由丰田喜一郎的妹夫（丰田佐吉的上门女婿）丰田利三郎担任。尽管丰田利三郎是一位见识广博的企业家，但自命清高，脾气暴躁，与丰田喜一郎在许多问题上意见相左。1933年，在丰田喜一郎的一再要求下，他勉强同意公司设立汽车部，并将一间仓库的一角划作汽车研制的地点。丰田喜一郎以此为基地，于当年4月购回一台美国雪佛兰汽车发动机进行反复拆装、研究、分析、测绘。在研究这台发动机的过程中，他产生了指导日后公司发展战略的认识观点："贫穷的日本需要更为廉价的汽车。生产廉价汽车是我的责任。"1933年9月，他着手试制汽车发动机，拉开了汽车生产的序幕。1934年，他托人从国外购回一辆德国产的DKW前轮驱动汽车，经过两年的研究，于1935年8月造出了第一辆"丰田G1"牌汽车。

3．成立汽车公司

1937年8月27日，他成立丰田汽车工业株式会社。丰田汽车公司刚刚成立，马上就遇上了一场几乎使其倒闭的危机。当时，席卷资本主义世界的经济危机强烈地冲击着日本经济，尽管总厂的兴建、设备的引进、原材料的采购等急需大量的资金，但市面上银根紧俏，借贷无门，而此时初期的投资已经消耗殆尽，公司已经到了山穷水尽的地步。此时战争爆发了，丰田公司与其他许多生产厂家一道被纳入了战时军需工业品的生产轨道，陆军将其所有库存货车一次购光，这才使其摆脱了危机。

4．对汽车工业的贡献

丰田喜一郎颇有战略家的眼光，他自一开始组织汽车生产就注意到了从基础工业入手着眼于整体素质的提高，使材料工业、机械制造、汽车零部件业与汽车工业同步发展，为汽车的大批量生产创造了必要的条件，因此，日本人称他是"日本大批量汽车生产之父"。他十分清楚，汽车生产所涉及的相关产业较多，它们的发展水平直接影响着汽车的质量，其中对材料和机器制造两个行业的影响最大。于是，他一面向日本政府提出发展材料和机器制造两个行业的建议，一面在自己的公司里着手开发炼钢和机器制造。

丰田喜一郎对汽车工业的另一项重大贡献是对生产过程的科学管理。为了确保产品质量，实现大批量生产，他在自己的企业中进行了一系列试点。首先，他将全公司的工厂结构进行了调整。经过调整，公司实现了自身结构的专业化、合理化、科学化，从而改变了大一统的混乱生产格局，使公司的专业化程度、管理水平、技术水平、生产能力都有了大幅度提高。其次，他将工厂内部的生产结构进行了调整，使其适合于专业化生产。他以汽车总装厂为中心，把社会上零散的零部件厂组织起来，有计划地把自己的生产需要同他们的技术结合起来，利用外部订货的方法，实行零部件生产的扩散。再次，他在汽车生产流程中实行新的管理方式，即必须的物品在必要的时刻提供，成为丰田生产方式的初创者。丰田喜一郎的创新之处在于将传统的整批生产方式改为弹性生产方式。按照他的模式组织生产，工人和工厂都可得到好处：工人每天只做必要的工作量即可，早做完者早下班，做不完者可加班；工厂无须设置存货仓库，无须占用大量周转资金，许多外购零部件在付款之前就已被装车卖出了。他为推广这一生产方式而喊出的"恰好赶上"口号，经后来的公司副总裁大野耐一进一步发展之后，成为完善的"丰田生产方式"。今天，"丰田生产方式"已跨越国别、行业而成为世界许多国家争相学习的先进经验。

第二节　日本的福特——本田宗一郎

图 3-3-2　本田宗一郎

本田宗一郎（图 3-3-2）是日本本田汽车创始人，人称"日本的福特"（美国机械工程师学会设有一种荷利奖，专门用于奖励那些在机械工程领域做出了杰出贡献的人，只有福特和本田宗一郎获得）。本田宗一郎出身贫寒，却成为天才发明家，拥有 470 项发明和 150 多项专利。他创立的"HONDA"（本田）品牌，成为世界上最大的摩托车生产厂家，是日本战后经济奇迹的创造者之一。

1．早期生涯

本田宗一郎出生在日本静冈县的一个穷苦家庭，他自幼便对机械表现出了一种特殊的偏好。高小毕业后，16 岁的他不顾父亲坚决反对，毅然来到东京一家汽车修理厂当学徒。6 年学徒生涯结束后，他回到家乡在滨松市开设了一家汽车修理厂——技术商会滨松支店。由于他技艺高超，待人诚恳，修理厂生意兴隆。然而，目光远大的他在修车店生意十分兴旺之时毅然关闭了自己的修理厂，因为他觉得修理汽车不会有太大出息，自己应该从事更富创造性的制造业。

1934 年，本田宗一郎创建了东海精机公司，虽然初出茅庐，但在他的惨淡经营下，公司总算生存了下来。第二次世界大战以后，作为战败国的日本，经济上同样受到了毁灭性的打击。本田公司处境艰难，加之在此以前丰田公司已持东海较多股份，个性较强的本田宗一郎不甘受制于人，于是，他在 1945 年将自己拥有的股份以 45 万日元的价格转让给丰田，自己彻底撤出了东海精机公司。1946 年 10 月，本田宗一郎在滨松设立了本田技术研究所，主要生产纺织机械。

2．生产摩托车

这是满足实际需要的一项革新，成为本田宗一郎人生旅途中的一个重大转折点。第二

第三章 日本的汽车名人

次世界大战后各种物品十分匮乏,城镇许多家庭不得不到黑市甚至农村购买高价粮食。由于交通不够发达,崎岖不平的山路使骑自行车收粮十分费力。本田宗一郎将战争期间陆军留下的无线电通信机的小汽油机安装到自行车上,并用水壶作油箱,制成了一种新型的"机器脚踏车"。由于适销对路,产品马上成为抢手货。1947年,当旧通信机用尽以后,本田宗一郎又亲自动手研制了50mL双缸"A型自行车马达",这就是最早的"本田摩托发动机",也是本田A型摩托批量生产的开始。他的成功引起了人们的注意,许多人都在仿制本田式的"机器脚踏车"。为在摩托车领域站稳脚跟,本田宗一郎决定生产真正意义上的摩托车。

3. 创立摩托车公司

1948年9月,他正式组建了本田技术研究工业总公司,并自任社长,从此揭开了本田大发展的序幕。作为一个技术员出身的实业家,本田宗一郎不仅有着极其旺盛的创造热情和能力,还有一种与众不同的超凡预见能力及冒险精神。他明白只有使发动机有力、耐用、廉价,才能使所产摩托销量增加。1948年,宗一郎亲自主持研制"D型"发动机,并以此为基础推出了"本田－梦幻D型"摩托车。1951年,他又主持研制了性能更好的四冲程"E型"发动机及"本田－梦幻E型"摩托车。这两种摩托的销售都获得了成功,为公司赢得了利润。他懂得自己在技术开发和经营管理两个方面相比更擅长前者,于是,他联系到了一位负责销售和公司管理的合股人藤泽武夫,当藤泽武夫于1949年10月以常务董事的身份加入本田后,他就将公司的全部经营实权放心地交给了他,自己则埋头于技术开发,不断拿出技术先进又适销对路的产品。两人几十年合作的结果,发展壮大了本田公司,使其成为名震全球的跨国集团。

4. 站稳脚跟

他清楚只有提高产品质量才能保证公司在激烈的市场竞争中站得住脚。除了开发性能先进的产品及加强对员工的技术培训以外,他还积极引进先进的加工设备。当其他公司看到本田成功以后,纷纷搞起了摩托车生产,全国一下子冒出了100多家摩托车生产厂,市场竞争异常激烈。但是因为本田公司舍本钱从美国、德国、瑞士等地引进先进的加工设备,加之其他多方面因素的综合作用,在这场激烈的竞争中,本田始终处于赢家的地位。

5. 生产汽车

他知道必须走多元化产品战略路线,才能在激烈的市场竞争中永远立于不败之地。在经营摩托车获得成功以后,本田于1962年开始涉足汽车生产。他利用在摩托车开发、经营中获得的丰富经验及大量资金,不顾一切地投入汽车开发,结果获得极大成功。其先后推出过"T360"型卡车、"S500"型轿车、"N360"型轿车等汽车产品,其中"N360"型轿车成为过全球畅销车;设计开发的CVCC发动机及安装此种发动机的汽车,因其控制排污效果好,于1975年在世界汽车界引起极大轰动,为公司赢得了巨大的利润及崇高的商业声誉。

第四章　中国的汽车名人

我国汽车工业从无到有，从少到多；我国汽车产品从单一品种到多品种、系列化；我国汽车工业人才，从寥寥可数到人才辈出；我国汽车人才素质由低到高，这些巨大的变化和成就，无一不凝聚着饶斌、孟少农的智慧和心血。

第一节　中国汽车业之父——饶斌

图 3-4-1　饶斌

饶斌（图 3-4-1）是中华人民共和国汽车工业的创始人，被誉为"中国汽车业之父"。他完成中国第一汽车制造厂、中国第二汽车制造厂（现"东风汽车公司"）的创业，领导和支持南京汽车制造厂、上海汽车工业公司的发展。视汽车为生命的饶斌，表现出坚毅、执着和倔强的品质。饶斌的后半生几乎将全部的心血都注入中国的汽车工业中。

1. 早期生涯

饶斌祖籍南京，生于吉林，原名叫饶鸿熹，早年学医。饶斌参加革命后曾担任过中共山西交城地委书记、抚顺市委书记、哈尔滨市市长、松江省委副书记。

2. 建立第一汽车制造厂

中华人民共和国成立后，百废待兴，苏联要援建中国 156 个重大项目，建年产 3 万辆、生产中型卡车的第一汽车制造厂就是其中之一。筹建第一汽车制造厂的重任赋予了被毛泽东称为"白面书生"的饶斌。1953 年 7 月，饶斌把第一锹黑土抛向毛泽东亲笔题词的第一汽车制造厂建设奠基石上。

建厂初期，困难重重，壮志满腔的饶斌全身心投入轰轰烈烈的建设热潮之中，他不仅是汽车厂厂长，也是建筑公司经理，工作强度很大，以至于回到家常常饭菜没有端上桌，人已酣然入梦。在全国人民的支持和建设工人的共同努力下，经过3年艰苦卓绝的努力，在长春市南郊一片荒野上建起了一座汽车城。第一辆国产"解放"牌载重汽车于1956年7月13日在总装线下线，标志着我国不能制造汽车的时代结束了。

第一辆"东风"牌轿车于1958年5月在第一汽车制造厂试制成功，毛泽东主席乘坐该车后高兴地说："我终于坐上了自己造的小汽车了。"然而，饶斌的脚步没有停止，而是决定致力于研制高级轿车。技术人员不分昼夜地攻关，"红旗"轿车于1958年8月试制成功。后来，"红旗"轿车被国务院确定为国车，仅限于国家领导人和接待外国元首专用。

3. 建立第二汽车制造厂

1964年，中国经济形势好转，根据经济发展和国防建设的需要，中央决定在南方再建一个汽车厂，由饶斌负责第二汽车制造厂的筹建工作。出于战备的考虑，厂址设在武当山北麓，湖北省郧县十堰镇一带（今为湖北省十堰市）。

1964—1978年，政治走向一直阻挠着第二汽车制造厂的建设。与建设第一汽车制造厂相比，饶斌不仅呕心沥血地领导了第二汽车制造厂的基本建设和设备安装，而且要用高度的政治智慧对应极"左"思潮的干扰。当时，建设第二汽车制造厂必须走中国自己的道路，饶斌经过缜密思考，以惊人的胆识和勇气，创造性地提出用"聚宝"的办法建设二汽，调用全国的汽车和机械制造企业包建各个分厂，并以采用国产设备为主，适当引进部分国外先进设备的建设思路，形成系统的现代化汽车制造企业。他坚持相信群众、勇于进取，走自力更生、自主创新的道路。从1967年4月1日正式开工建设，到1978年年底，第二汽车制造厂的2.5t越野车已形成批量生产能力，3.5t越野车正通过产品试验，5t民用载重汽车也通过了5万公里可靠性试验，通过向英国里卡图公司的设计咨询，发动机质量明显改进。当年生产汽车3 000辆，实现盈利。饶斌"早出车、出好车"的愿望在湖北十堰的土地上实现，结束了我国载重汽车严重短缺的局面。

4. 建立上海轿车装配线

第二汽车制造厂建成投产后，饶斌被调回北京，担任机械部部长。改革开放之初，国家采纳饶斌的建议，决定在上海引进一条轿车装配线。1984年，上海大众合资合同在北京人民大会堂签署，国内第一个轿车合资企业诞生。历史告诉后人，这一决定不仅成就了上海汽车业的崛起，而且为中国轿车业的兴起开辟了希望之路。汽车业的前辈们力排众议，顶着压力，将他果断决策之举称为"这是战略家的眼光"，就连外国同行都为之敬佩不已。所以，有人说，没有饶斌就没有上海大众，看来一点都不为过。

第二节　中国汽车科技界的先驱——孟少农

图 3-4-2　孟少农

孟少农（图 3-4-2）是汽车工程专家、中国科学院学部委员（院士），毕生致力于汽车工业建设事业，是中华人民共和国汽车工业技术的主要奠基人和领航者，被誉为"中国汽车科技界的先驱"。他成功地领导了中国第一汽车制造厂、陕西汽车制造厂和第二汽车制造厂几代产品的研制和开发，为我国汽车工业的发展做出了突出贡献。他主持建设了湖北汽车工业学院，并担任湖北汽车工业学院首任院长，为我国汽车工业培养了大批高级专门人才。

1. 早期生涯

孟少农，原名庆基，祖籍为湖南省桃源县，出生于北京。高中毕业后，孟少农以全省会考第一名的成绩考入清华大学机械工程系学习。日本的侵略，更坚定了他"实业救国"的决心。抗日战争期间，孟少农有机会接触汽车，对汽车很感兴趣。后来，他在西南联大完成学业，以优异的成绩考取留美公费生，进入著名的麻省理工学院机械系学习，并获得硕士学位。赴美学习期间，他先后在美国福特汽车公司、司蒂贝克汽车公司、美国林登城中国发动机厂等任技术员和工程师，学习考察汽车、发动机的产品、工艺、工具、机械加工和汽车工厂设计等方面的理论。因他学习、工作极为严谨认真，成绩突出，福特等几家公司很器重他，愿留他工作，答应给他提供优越的研究条件和优裕的生活待遇，然而，他都婉言谢绝。1946 年 5 月，他乘第二次世界大战后中美通航第一班轮船离开了美国，回到母校清华大学任教，先后任机械系副教授和教授。跟着共产党走的强烈信念使他成为一名中国共产党党员。1948 年，他离职后奔赴解放区参加革命工作，成为一名普通的革命战士。

2. 为第一汽车制造厂建设奉献 15 个春秋

从 1950 年，重工业部成立了汽车工业筹备组时，孟少农就参与筹备了创建第一汽车制造厂。从调查研究中华人民共和国成立之前有关汽车和汽车工业基本情况、集结和培养技师骨干，到驻莫斯科代表小组组长，在整整 3 年的建厂阶段，孟少农把全部精力、智慧倾注到第一汽车制造厂建设上。他为第一汽车制造厂的筹备、建设、建成投产、老产品改进和新产品开发等勤奋工作 15 个春秋，为第一汽车制造厂"出汽车、出人才、出经验"做出卓越贡献。在他离开第一汽车制造厂时，第一汽车制造厂已有 3 个系列品种和 30 多种变型专用车投产。

3. 为开发陕汽产品艰苦奋斗

1971年5月，孟少农被调到陕西汽车制造厂任革委会副主任，主管技术工作。该厂位于陕西省岐山县五丈原下麦李西沟，地域偏僻，交通不便。建厂初期，生活条件极为艰苦，工作上又困难重重。他不为名，不为利，冒着风险，排除障碍，专心致志地研制开发延安250型5t越野车（1978年8月获全国科学大会科技成果奖），改进6130型发动机（1978年8月获全国机械工业大会科技奖），开发15t重型民用车。孟少农在陕汽的艰苦奋斗精神和其突出的贡献及其深谋远虑、高瞻远瞩的指导思想永远给陕汽人留下前进的动力。

4. 为第二汽车制造厂攻克难关奠定基础

20世纪70年代，孟少农由陕汽转战到了第二汽车制造厂。他在第二汽车制造厂艰苦奋斗整整10个春秋，为第二汽车制造厂闯过质量、滞销、缓建三大关，为第二汽车制造厂发展横向联合经营，引进消化吸收国外先进技术，设想及早开发轿车和轻型车，为第二汽车制造厂长远兴旺发展奠定基础并做出贡献。

5. 辛勤培养中国汽车人才

孟少农为发展中国汽车工业，在培养人才方面，下了很大功夫，付出艰辛劳动，把自己的智慧才能、渊博的理论知识和丰富的实践经验毫无保留地传给后人。20世纪50年代初，在第一汽车制造厂建厂时期，他根据工厂生产发展和管理需要，在苏联专家的帮助下，创办了长春汽车工业学校，培养了一大批中级汽车人才。为培养高级汽车工业人才，他倡议与地方合作，创办起中国唯一一所汽车、拖拉机学院（后改为吉林工业大学），并选派一批技术骨干去任教。在第二汽车制造厂，他根据建厂需要和大学不能正常输送人才的情况，大胆地创办职工大学，自任校长，自编教材，亲自授课，使一大批文化水平较高，又有多年生产经验的青年工人获得深造。1983年，第二汽车制造厂职工大学获国家承认成为具有本科资质的高等学校，更名为湖北汽车工业学院，孟少农任首任院长，为湖北汽车工业学院的发展和人才的培养付出了辛勤的汗水，为国家输送了大批汽车人才。

第四篇

汽车多元文化

第一章 汽车运动

汽车运动的起源:"赛车"一词来自法文 Grand Prix,意思是大奖赛。在国外,汽车比赛几乎与汽车具有同样长的历史。今天,各式各样的汽车比赛被统称为现代汽车运动,它是世界范围内一项影响较大的体育运动。多姿多彩的汽车运动使这一冷冰冰的钢铁机器充满了柔情蜜意。同时,汽车运动的激烈、惊险、浪漫、刺激,不仅使成千上万的观众为之痴迷,而且使世界汽车技术的发展日新月异。

第一节 汽车运动的起源

汽车运动是指汽车在封闭场地内、道路上或野外比赛速度、驾驶技术和性能的一种运动项目。19 世纪 80 年代,欧洲大陆出现了最早的汽车。汽车运动也随着汽车工业的发展而兴起。从第一辆汽车被生产出来到第一次汽车比赛的举行只不过十年的时间。起初,汽车比赛的目的只是汽车生产厂家为了检查车辆的性能,宣传使用汽车的安全性和可靠性,因此汽车生产厂家积极资助,推销其产品。1894 年,法国《小日报》的 Pierre Gifard 组织了世界上第一次汽车比赛,线路由巴黎到鲁昂,共 80 英里(1 英里≈1.6km)。这次比赛远不及今天大奖赛扣人心弦,引用当时的话说,"Without danger, easy to handle and cheap to run"。

1895 年 6 月 11 日,由法国汽车俱乐部和《鲁·普奇·杰鲁纳尔》报联合举办了世界上最早的长距离汽油车公路赛,线路由巴黎到波尔多往返,全程 1 178km。获得比赛第一名的埃为尔·鲁瓦索尔共用 48 小时 45 分钟,平均车速为 24.55km/h。但是比赛规定车上只许乘坐 1 人,而他的车上乘坐了 2 人,所以被取消了冠军的头衔。此次比赛共有 23 辆车参赛,跑完全程的汽油车和蒸汽车总共只有 8 辆。

虽然德国人发明了汽车,英国当时又是工业强国,但这两个国家对汽车都不感兴趣,甚至在国内禁止赛车。法国人不但重视汽车,而且建立了世界上最大的汽车工业。赛车运动也随之产生,Peugeot(标致)和 Panhard(庞阿尔)等是很有名的赛车,法国人靠它们开始统治赛车车坛,一直到 19 世纪末。

早期的赛车结构和性能与现在相比有天壤之别。Panhard 车通过一个控制杆来操纵方向,类似船头的舵柄,而 Peugeot 车用手动棒完成赛车的转向。不久,方向盘取代了它们。赛车的木制实心轮胎被空气胎取代却经历了漫长的时间。

第四篇　汽车多元文化

早期的赛事采取城镇到城镇的比赛形式，和现在的拉力赛一样，赛车依次等时间距发车，根据总用时排出成绩，分出胜负。1896 年，法国汽车俱乐部组织了一次从巴黎到马赛往返的比赛。在 1897 年的赛事上，赛车有别于家用车的特征开始出现，赛车去掉了不必要的挡泥板，车座不再采用舒适的软结构，赛车制造商开发出大功率的发动机。

随着赛车的改装，其性能不断提高，随之也产生了许多伤亡事故。当时的比赛，赛道两旁有很多人围观，而人们并不知道这些铁家伙能干什么。1898 年，赛车史上第一次出现了事故。从巴黎到尼斯的公路赛上，发车不久，站在路边的奔驰车手 Montariol 向正在驾驶赛车的朋友 Montaignac 挥手致意，而 Montaignac 竟手脱方向控制杆向 Montariol 招手。结果汽车跑偏，撞飞了 Montariol 的赛车，翻了的赛车又伤到了 Montariol 的技师，使其脑部受到致命损伤。事后，巴黎警长曾试图阻止后来的巴黎—阿姆斯特丹的比赛，但他失败了。车手用火车把赛车运到比赛地点，超出了他的管辖范围。而他本人后来也觉得有些欠考虑，因为与庆祝冠军 Fernand Charron 胜利的人山人海的车迷相比，他确实显得有些势单力薄。

赛车运动开展的初期出现过两次危机。一次是 1901 年的巴黎—柏林公路赛，一名男孩跨入赛道去看一辆开过去的车，被后来一辆车撞到，死亡（图 4-1-1 为 20 世纪初人们开车去看汽车比赛）。法国政府随后禁止了比赛，但最终在汽车业的强大压力下，恢复了比赛。另一次是在 1903 年法国汽车俱乐部举办的巴黎—波尔多—马德里的比赛中，有近 300 万观众在赛道两旁观看比赛。赛车在丛林行驶中，扬起的尘土阻挡了车手的视线，赛车撞向观众，导致多人被撞。比赛随后被法国、西班牙政府终止。后来，法国政府再一次妥协，恢复了比赛。但为赛车运动制定了一些规则：为了避免汽车在野外比赛扬起漫天的尘土影响后面车手的视线而造成伤亡事故，车赛逐渐改在封闭的赛场和跑道上进行，赛道两旁围上护栏，比赛选在人口稀少的地方举行。这就是汽车场地赛的雏形，它被认为是封闭赛道开始的标志。

为了吸引更多的人参加汽车比赛，使比赛更加富有刺激性和挑战性，法国的勒芒市在 1905 年举行了第一次真正意义上的场地汽车大奖赛。此时赛车已经职业化，德国、意大利、英国、美国都有了自己的赛车参赛，涌现出 Felice Nazzaro、Georges Boillot、Jules Goux 等一批新的车手（图 4-1-2 为 1907 年菲亚特赛车在比赛中）。

图 4-1-1　20 世纪初人们开车去看汽车比赛

图 4-1-2　1907 年菲亚特赛车在比赛中

第一章 汽车运动

　　有些讽刺的是，法国汽车俱乐部举办的第一次汽车大奖赛，正标志着法国车坛统治地位的结束。在欧洲，德国、英国、意大利各国都想自己举办比赛。1907 年，第一条专为比赛修建的赛道在英国萨里的布鲁克兰建成。由于经济萧条、比赛规则及场地利益的冲突，法国于 1909 年退出了汽车大奖赛。

　　1909 年之前，美国在汽车大奖赛中，与车队冠军、车手冠军无缘，从 1909 年印第安纳波利斯竞速比赛起，情况有了转机。赛车运动开始向西部扩展，越来越多的赛道在西部修建完成，最著名的是 1 英里和 2 英里的椭圆形赛道。这种赛道建造较快，采用经济的木材作为原料。经营商很喜欢这种赛道，因为观众座位得以规范，便于收费。观众也喜欢，因为他们可以看到整个赛道。这样的赛道使比赛更加紧张、快速，更具危险性；这样的赛道使比赛过程变幻莫测，更加突显了车手的智慧与勇气。从 1917 年起，美国汽联组织的全国冠军联赛全部采用椭圆形赛道，其中大多数是木制的，它也被人们戏称为"马达轰鸣的木版"。这一时期著名的车手有 Ralph de Palma 和 Dario Resta。

　　1911 年经济开始好转。第一次世界大战前的几年里，欧洲的赛车运动有了短暂的发展。赛道开始重视转弯和曲折的设计与修建。赛车的设计不再一味追求大功率的发动机，而是更加关注操纵性、机动性和制动性，要求发动机在各种速度下都具有较好的可靠性。1914 年时的赛车基本构造，在以后的 40 年中都没有大的改变。

　　第一次世界大战中，欧洲赛车运动基本处于停顿状态，战后相当一段时间才恢复起来。战争中，比赛虽然没有举办，但欧洲工程师们从战争里学到了很多技术，欧洲人正走向一条通往先进科技的道路。第一次世界大战有两个重要的结果：①意大利开始统治欧洲车坛；②美欧在赛车上的科技差距开始拉大。

　　美国汽车制造商生产了许多车身瘦长的赛车，如 Miller 122，它们是为竞速赛道量身定做的。在欧洲，菲亚特正在研制高转速顶置凸轮轴发动机，与之匹配的是轻重量的 805 底盘，这种组合使车速达到了 169km/h。1922 年的法国斯特拉斯堡大奖赛上，Felice Nazzaro 驾驶这辆菲亚特轻松夺冠。这次比赛也是赛车史上第一次集中发车。1923 年，专为大奖赛设计的菲亚特 805.405 问世，它安装了增压器，还应用了风洞。但出乎意料的是，在 1923 年的法国大奖赛上，它被一辆英国车击败。Henry Segrave 驾驶的 Sunbeam 赢得了比赛，这辆 Sunbeam 是 1922 年菲亚特的抄袭版本。从此以后，菲亚特加强了保密工作，使用自己单独的人马，车手也固定为 Pietro Bordino 和 Nazzaro。阿尔法·罗密欧在 1923 年生产了 P1，在此基础上，1924 年生产了大奖赛赛车 P2。P2 轻松赢得了 1925 年举办的全年大奖赛的年度车队总冠军。P2 的全胜一直保持到法国 Montlhery 大奖赛出现事故为止。

　　由于参赛过于昂贵，阿尔法·罗密欧宣布退出车坛。这时一场世界性经济危机（1929—1933）席卷而来，它对欧洲的政治、经济、社会生活产生了很大的冲击，当然也对蓬勃发展的赛车运动产生了巨大的影响和冲击。赛车的这一黄金时代的结束就像它的开始一样突然。

第二节　汽车运动的组织结构

一、国际汽车运动联合会

国际汽车运动联合会（Fédération Internationable del'Automobile, FIA）简称国际汽联，1904年成立，总部原设在法国巴黎，2009年移至瑞士苏黎世。其以推动汽车工业发展为宗旨，最高权力机构是世界汽车旅游理事会和世界汽车运动理事会。两个理事会的主席均由国际汽联主席担任，分别另设一名执行主席。两个理事会的成员各由会员代表大会选举产生的来自不同国家的21名委员组成。国际汽联属于国际奥林匹克委员会临时承认的国际单项体育联合会。中国汽车运动联合会于1983年加入国际汽联。

国际汽联负责与汽车比赛有关的一切事宜，如道路安全、环境、弯道、机动性及车辆使用人员的保护等。国际汽联也是负责全世界赛车运动的组织，管理所有用4轮或4轮以上陆地车辆进行的体育运动，如一级方程式赛车、方程式3000赛车、弯道车、汽车拉力赛、卡丁车、赛车场比赛、丘陵赛、冰上赛车、太阳能电动车赛、老式汽车赛等。

图 4-1-3　国际汽联标志

国际汽联（图4-1-3为国际汽联标志）是来自117个国家的150个俱乐部的主任出席的代表大会。国际汽联中负责赛车运动的组织是由双人组成的汽车运动理事会。该理事会设有下列专门委员会：方程式委员会、技术委员会、公路赛委员会、越野赛委员会、巡回与安全委员会、弯道车委员会、电动与太阳能委员会、非公路赛委员会、丘陵赛委员会、老式车赛委员会、赛场赛委员会、纪录委员会、拉力赛委员会、制造商委员会、医务委员会、媒介委员会、GT委员会、跑车委员会等。

二、中国汽车运动联合会

中国汽车运动联合会（Federation of Automobile Sports of the Peoples Republic of China, FASC）简称中国汽联，是全国性体育社团和中华全国体育总会团体会员。其前身为中国摩托运动协会，1975年成立于北京。1983年加入国际汽联。1993年5月，汽车运动项目从中国摩托运动协会分离，单独组成中国汽联（图4-1-4为中国汽联标志）。

中国汽联是在国家体育总局的领导下，管理中国汽车运动、监督国际汽联规章在中国实施的唯一合法组织，是非营利性的全国性体育社会团体，是国际汽联团体会员。中国汽联的职能是依据国家体育总局的有关规定和国际汽联的规章，统一组织、指导和协调中国汽车运动的开展，组织国内外重大比赛和开展国际交流，推动群众性普及活动和提高竞技水平，服务于中国汽车产业，同时为发展中国的体育事业做出积极的贡献。

其主要任务是负责全国汽车运动的业务管理，组办国内外汽车比赛和体育探险活动，指导群众性活动，培训运动员、教练员和裁判员，开展国际交往和技术交流。

在中国汽联正式注册的汽车运动俱乐部有60个，每年有1 000多名车手获得中国汽联的赛车执照。中国汽联主办的主要比赛项目有全国汽车拉力锦标赛、全国汽车场地锦标赛、全国汽车短道拉力锦标赛、全国汽车场地越野锦标赛和全国卡丁车锦标赛等国内重大赛事；承办和主办的各种国际大型汽车比赛有一级方程式世界锦标赛中国大奖赛、世界拉力锦标赛中国拉力赛、亚太拉力锦标赛中国拉力赛、长距离越野拉力赛、国际汽车街道赛等。

图 4-1-4　中国汽联标志

第三节　汽车运动的分类

目前国际上正规汽车比赛主要分长距离比赛、环形场地赛、无道路比赛。长距离比赛又可细分为拉力赛、越野赛等；环形场地赛又可细分为方程式汽车赛、耐力赛等；无道路比赛又可细分为特种车赛、大脚车赛等几种。

赛车运动起源于1894年，当时的比赛对参赛车辆没有任何限制，直到1904年国际汽联成立后，出于公平性与安全性，才开始尝试对参赛车辆进行分类和限制。早期的分类从各种角度进行过尝试，先后包括最大车重、耗油率、气缸半径等，但效果都不理想，直到引入了气缸容量的概念才有了满意的效果。这就是"方程式"的意思：一个对所有参赛车辆的限制标准。

根据国际汽联的规定，方程式汽车赛一共有3个级别，按发动机排量和功率的不同来划分：三级方程式（F3）为排量2L，功率170马力；二级方程式（F2）为排量3L，功率470马力；一级方程式（F1）为排量3.5L，功率650马力；1992年改为排量3.5L，功率780马力；1995年又改为排量3L，功率650～700马力。

一、一级方程式世界锦标赛

1．赛制

目前一级方程式比赛共有11支参赛车队，每支车队2位车手，22位车手必须持有由国际汽联签发的"超级驾驶执照"。比赛每年 3—10 月在世界各国的著名赛道举行。比赛赛程分为 3 天,包含星期五的自由练习、星期六的排位赛和星期日下午两点开始的正赛。正赛路程规划以约 300km(以蒙特卡罗赛道为特例)或 2 小时为限,以车手先完成比赛即结束。在正赛过程中,车手和车队根据轮胎的磨耗及油耗的状态进入维修站换胎、加油。

图 4-1-5 "车王"舒马赫

比赛设车手冠军和车队冠军两项锦标。每场比赛取前 10 名车手,获得的积分依次为 25、18、15、12、10、8、6、4、2、1。在每一赛季结束后,将车手在全年比赛中取得的成绩相加得出总积分,得分最高者为当年度世界冠军。车队世界冠军的计分方法与车手相同。锦标赛从 1950 年举办,至 2018 年,已经产生了 69 个年度世界冠军头衔,其中德国车手舒马赫(图 4-1-5)总共赢得 7 次总冠军,也曾是唯一赢得总冠军的德国车手。

2. F1 赛车

比赛赛车为四轮外露的单座位纯跑道用方程式赛车,由发动机、变速系统、底盘、空气动力装置和轮胎等构成。赛车发动机方程式依不同时期的比赛规则而变化,自 1995 年开始,规定使用气缸容量为 3.0L、V 型 10 缸不加增压器的自然吸气汽油发动机,最高转速可达 19 000r/min 以上,最大输出功率超过 622kw。最高速度可达 320km/h 以上,平均速度是 200～230km/h;由静止加速到 100km/h,仅需 2.3s;由 0 加速到 200km/h 再减速到 0,只要 7s。变速器设有 6～7 个挡位,并采用半自动变速系统,车手利用方向盘上的控制杆来操作换挡。

赛车的车身呈流线形,在其前、后部设有扰流装置和定风翼,在运动中利用空气动力学原理产生下压力,增加轮胎的附着力,提高赛车过弯速度及高速行驶的稳定性。赛车底盘以航天飞机的构造科学为基本理论依据,使用碳纤维制造,轻而坚固,离地间隙最小仅有 50～70mm。刹车碟盘由碳纤维制成,超高性能的刹车系统能让赛车在 2.5s 内由时速 240km 刹停,所需距离只要 80m。比赛轮胎采用特殊合成橡胶制造,分干地与湿地两类轮胎及硬胎和软胎,以便于在不同要求下使用。赛车最小质量不能低于 600kg(包括车手及燃料)。

3. F1 车手

所有参加 F1 大赛的车手,都是经过千挑万选的世界车坛的精英。每一位车手在跻身 F1 大赛前,都必须经过多个级次的选拔,如小型车赛、三级方程式(F3)车赛等,堪称过五关、斩六将,而要成为世界冠军,更非易事。他必须身经百战,集赛车技术、天赋及斗志于一身(图 4-1-6 所示为 F1 车手阿隆索)。

根据国际汽联的有关规定，每年全世界能有资格驾驶世界 F1 赛车的车手不超过 100 名。所有驾驶 F1 赛车的选手，都必须持有国际汽联签发的"超级驾驶执照"；每年只有少数的优秀车手有资格参加决赛。

通常一位车手要花 8 年的时间从卡丁车逐步晋级到 F1，事实上仅有极少数人能够有此能力与机会登上这赛车金字塔的顶端。

图 4-1-6　阿隆索

二、F3000

F3000 赛车（Formula 3000）是国际汽联于 1985 年制定的一套四轮赛车比赛规格，用以取代二级方程式，其难度比一级方程式稍低，但比三级方程式高，因此 F3000 是给予有志参加 F1 车手的一个晋级阶梯，许多知名 F1 车手都是由 F3000 晋升而来的。名称"F3000"的由来是因为初期使用的科斯沃斯 DFV 赛车引擎，其容积为 3L（3000mL）。首届 F3000 于 1985 年举办，至 2005 年起停办，改由 GP2 系列赛取代。

三、三级方程式汽车赛

三级方程式赛车（简称 F3）是高成本花费和高技术等级的单座位四轮赛车比赛，赛事等级仅次于一级方程式赛车和 GP2。三级方程式赛车的赛事由国际汽联举办，三级方程式可以指三级方程式（F3）和三级方程式等级的赛事（图 4-1-7）。

图 4-1-7　三级方程式赛车

许多一级方程式车手在进入一级方程式赛车前都曾参加三级方程式赛车,所以三级方程式赛车一向被视为培育一级方程式车手的摇篮,当中著名的车手有埃尔顿·塞纳、迈克尔·舒马赫和米卡·哈基宁等。

三级方程式与一级方程式的跑车外形无异,基本上是同一类型的跑车。与一级方程式最大的差别在于跑车的功率大小,F1 跑车可突破 900 马力,F3 则是 230 马力。按照国际汽联的规则,三级方程式赛车使用的为无坑纹的赛车胎和扰流器。现时,达诺拉(Dallara)承办了差不多全部三级方程式车队的底盘生产业务,但莱立 Lola 和 SLC 都有少量的底盘出产。

赛车的引擎则被限制在一个 2L、四气缸的四冲程自然吸气引擎。该引擎须来自一种量产而且合法在道路上行走的汽车,并只能作有限度的改装。现时,在澳门格兰披治大奖赛中参赛的车队大部分使用无限本田、丰田和威龙雷诺的引擎,但欧洲的品牌如阿尔法·罗密欧、大众和梅赛德斯(Mercedes)等在如欧洲三级方程式中是极为常见的。

四、雷诺方程式赛车

该项赛事是由法国雷诺集团推广发展起来的,方程式赛车(图 4-1-8)由意大利 TATUUS 公司制造,该类单座赛车为 200 马力,最高时速可达 260km/h。

全球共有 12 个国家同时举行雷诺方程式比赛,比赛车辆多达 800 台。作为未来一级方程式车手的台阶,雷诺方程式比赛深受亚欧各国欢迎,其商业价值也同时被亚欧各国认同。

图 4-1-8　雷诺方程式赛车

第一章 汽车运动

雷诺方程式挑战赛是目前欧洲最受欢迎的一项方程式赛事，且越来越受到重视。自从芬兰车手基米·莱科宁和菲利普·马萨赢了这项赛事的冠军，雷诺方程式挑战赛跳过 F3 与 F3000、直接进入 F1，也仿佛成为一个神话。

雷诺方程式赛事在全世界很多国家都有举行，包括意大利、法国、英国、德国、美国、巴西、墨西哥及亚洲的一些国家。欧洲的比赛以意大利、英国及德国的赛事最具传统，职业化水平高，并以多名年轻优秀的车手的参与而闻名，车队和车手都在这里寻找着履历、成功和名声。众所周知，意大利的雷诺方程式赛事是高水平的，极富挑战性，从 2000 年揭开战幕以来，意大利的车队在 4 次欧洲大师杯赛上获得了 3 次冠军，其中 2 个车手成功进入了 F1 赛场，他们是索伯车队的马萨和丰田车队的试车手布里斯可。

第二章 汽车时尚

随着汽车工业的发展、技术的进步,人们生活节奏的加快,汽车已经成为人们的代步工具,成为人们生活的一部分,影响着人们的思维方式、交流方式及日常活动方式,提升着人们的生活品位,改变着人们的生活,衍生出很多汽车文化娱乐方式。

第一节 汽车俱乐部

汽车俱乐部是由汽车车主及汽车爱好者组成的,旨在传播汽车文化并为其成员提供各种服务的组织。

一、汽车俱乐部的产生及发展

人们对汽车的需求与企盼不仅推动了汽车生产,而且推动了汽车后服务市场的发展,为了满足车主不断膨胀的服务需求,汽车俱乐部扮演了汽车后服务市场提供服务的主角,但这样的角色是演变而来的。汽车作为一个新事物的出现,免不了出现一批忠实的、热心的"粉丝"——汽车迷,他们聚合在一起,切磋驾驶技术、交流爱车心得、结伴驾车出行、讨论修理技术、寻觅配品备件、互相救助救援。这种实践的凝聚力催生了汽车俱乐部,这样的结果决定了汽车俱乐部的本质:在特定的人群中,互助合作办事情,会员制是其必然的结果,将社会上高度分散的车主和汽车爱好者组织到一起,发挥规模效应和服务网络的优势,为俱乐部会员提供一些方便和实惠,而俱乐部本身也能从会费中取得一定收益。

1895年,世界上最早的汽车俱乐部——美国汽车联盟,在赛车运动员查尔斯·布雷迪·金格的建议下宣告成立,并制定了世界上最早的汽车俱乐部活动宪章。美国汽车联盟以保障机动车会员的各种合法权益为宗旨,通过报告会等形式,向会员传授汽车工程最新技术,通报汽车大赛动态,并为他们提供紧急救援和法律咨询服务。为了抵制传统交通法规对汽车使用的限制,为了改善道路条件、建设汽车服务设施,全球各地都有汽车车主自发联合起来,组织汽车俱乐部。由于当时俱乐部成员多属于上层社会,具有一定的政治影响和活动能力,因此汽车俱乐部在推动汽车的发展和普及方面起到了显著的作用。

随着汽车普及率的提高、汽车技术的复杂化,汽车的日常保养、维修、年检、故障、事

第二章 汽车时尚

故处理等对车主操控汽车的能力要求越来越高。为了解决车主的这些烦恼，各类服务于广大车主的汽车俱乐部不断地涌现，并不断扩大经营规模和业务范围，开始向金融、保险、租赁等方面发展。有车族范围的扩大使各类主题汽车俱乐部应运而生，产生了主要从事汽车比赛、越野活动、汽车文化收藏等的各类汽车俱乐部。

经过一个多世纪的发展，全球各国汽车俱乐部的会员总数超过2亿，其中美国有将近一半的车主是各类汽车俱乐部的会员。

二、各国汽车俱乐部

1. 美国汽车协会

美国汽车协会（American Automobile Association, AAA）是由来自美国富裕并有影响力的地区的9个汽车俱乐部于1902年3月4日在芝加哥联合成立的，旨在改善汽车的可靠性，争取建筑更好的公路，并敦促国会通过统一的交通法。

尽管服务范围广，但AAA最主要而且最著名的服务项目还是在于其汽车紧急救援。据2003年年底的统计数字，美国和加拿大两国的AAA全年接到的救助电话达到3 110万个，其中，涉及汽车事故的方方面面，比例如下：爆胎12.9%，更换电池及充电服务18%，加油1.5%，拖车44.9%，熄火15.4%。

AAA会员确实"物有所值"，首先会员不管是买新车还是用旧车，或是搭朋友的便车，不管是谁的车，都可以享受会员的权利，也就是说，AAA"认人不认车"，这一规定对很多人具有吸引力。

AAA定期出版交通图及旅游手册，并更新相关数据，会员在出游前可要求AAA为其安排行程，其中包括出发点至目的地之间的距离、所需行驶时间、加油站、餐厅位置及各地名胜景观等。AAA还为会员提供租车、旅馆等各种折扣消息，以及露营资讯，包含完整的露营介绍，如设施、费用等。另外还有机票、住宿、轮渡、巴士等订位服务及各种特价机票。几乎车一开出门所有可能会发生的事，AAA全包办了。

现在AAA几乎遍及美国城乡各个角落，要想找到最近的AAA服务部，只要输入所在地的邮政编码即可。据报道，AAA现有会员超过4 800万人，是全美最大的汽车俱乐部。加入AAA很容易，既可以通过网站注册，也可以电话报名，费用由信用卡支出，根本不需要本人露面。注册后将得到临时会员号，这意味着你可以马上享受AAA的服务了；正式会员卡几周内将邮寄给本人。根据得克萨斯州AAA网上信息，初级会员年费在70美元左右，可得到的服务包括3英里范围内的拖车、电瓶充电、换胎、紧急送油、小故障排除、租车优惠、饭店及旅馆优惠、停车费优惠、免费国内地图、设计旅游线路等。当然多交60多美元，就可以成为高级会员，服务也将是"高级"的，如200英里免费拖车服务、一次免费租车、24小时旅行和医疗援助，如遇交通事故打官司时，还可得到几百美元的律师费补偿等。

2. 全德国汽车俱乐部

全德国汽车俱乐部（Allegemeiner Deutsche Automobil Club, ADAC）成立于 1903 年，是一家企业化运作、非营利性、混合性的组织，拥有保险、空中救援、旅游、通信、汽车金融、汽车运动等领域的 18 个经营性公司，然而最基本的汽车救援等服务是以会员制的方式，收取少量的年费，服务时不收费或少收费向客户提供的。

ADAC 也是国际汽车旅游联盟（Alliance International de Tourisme, AIT）与国际汽联的双重会员。ADAC 在德国各地共设有 18 个地区性汽车俱乐部，会员数量超过 1 500 万，仅次于拥有 4 800 万会员的美国汽车协会。

ADAC 拥有 39 架救援直升机、27 个直升机站，自成立以来，执行过 130 万次救援任务。

ADAC 在海外，包括美国、加拿大、欧洲各国等国，拥有 16 个海外会员救援呼叫中心，配备德语为母语的工作人员，为会员提供各种（包括医疗在内）救助。

ADAC 追求高质量的救援网络建设，除不断完善自有的网络拓扑外，还发展了 4 100 个合作伙伴，与其签订特约服务合同，建立通信联系、疏通指挥渠道，巩固、发展合作伙伴关系，达到更加有效、及时地向公众提供服务的目的。

3. 日本汽车联合会

日本汽车联合会（Japan Automobile Federation, JAF）成立于 1962 年，现有会员 1 720 万，基本会费每年 2000 日元。

JAF 也公开称自己为公众组织，其宗旨是为增强驾车人的安全与提高安全意识服务，努力改善驾驶安全与公共交通环境与秩序。这样的宗旨还体现在其提出的三原则之中，即面向服务的原则、面向挑战的原则和开放的原则。

也就是说，为会员服务是该机构的第一宗旨；不断改进服务，面向新的挑战，是提高会员服务质量的根本；保持与会员的联系，利用各种手段与机会创造一个透明的运行环境，使会员充分地了解自己，向会员开放，是该机构不断发展、保持生命力的根本。

4. 中国的汽车俱乐部

中国最早的汽车俱乐部——北京大陆汽车救援中心，创建于 1995 年，后改名为北京大陆汽车俱乐部。由于起步较晚，中国的汽车俱乐部大都规模较小，并且主要集中在几个大城市，如北京、上海、广州等地，尚未形成全国性的组织。中国的汽车俱乐部从一开始就有机会借鉴国外成熟汽车俱乐部的成功经验，得以迅速发展，并推出多样化的服务项目，如汽车救援、汽车文化、驾车旅游、信息传播等。

中国比较著名的汽车俱乐部有北京大陆汽车俱乐部有限公司、上海安吉汽车俱乐部有限公司、江苏苏友汽车俱乐部等。

北京大陆汽车俱乐部有限公司（China Automobile Assosiation, CAA）（图 4-2-1 为

其标志）自1995年创办至今，已从单一的北京道路救援服务机构发展成为以道路救援为核心业务，集汽车保险理赔、车务、物流、质保、会员服务、二手车增值服务等为一体的汽车后市场综合服务管理平台。CAA总部位于北京，2012年在上海设立分公司，在成都、广州设立了区域办事处，2013年在天津设立了进口车事务部。依托投资发起人澳洲保险集团强大的经济支持及先进的国际管理经验，CAA作为中国成立最早、规模最大的汽车救援专业机构，20几年来，在中国大陆，为客户提供了几百万次完善的服务，如今已成为国内汽车救援服务与汽车俱乐部行业的领航者。

上海安吉汽车俱乐部有限公司由上海汽车工业销售有限公司发起设立，是国内首批汽车俱乐部之一。上海安吉汽车俱乐部有限公司自2001年成立以来，始终坚持为会员提供专业化、高品质的全方位的汽车后续服务，并积极推进汽车文化发展，倡导由"车"至"人"的汽车服务理念，通过出色的公司业绩和良好的市场口碑，被业界公认为汽车后续服务行业"最具吸引力企业"之一。

江苏苏友汽车俱乐部（图4-2-2为其标志）正式运营于1999年5月，注册资金1 080万元，是华东地区创建最早、规模最大的汽车俱乐部。江苏苏友汽车俱乐部是国内与国际汽车俱乐部组织接轨较早、接触较多的汽车俱乐部之一，是国际汽联的成员单位、中国汽车流通协会汽车俱乐部分会的发起者暨副会长单位、中国旅游车船协会常务理事单位、江苏省旅游学会自驾车旅游研究分会的创建者暨会长单位、南京市汽车运动协会的发起者暨会长单位。

图4-2-1　北京大陆汽车俱乐部有限公司标志

图4-2-2　江西苏友汽车俱乐部标志

第二节　汽车与媒体

汽车的诞生和普及，衍生出丰富多彩的汽车文化，这些都与各种媒体紧密相连。户外广告、广播、电视、电影、报纸、期刊等传播媒介由于汽车的出现而焕发出新的活力。

第四篇　汽车多元文化

一、户外广告与汽车

汽车户外广告是城市的识别符号，又是城市经济文化的晴雨表。现在人们到一个新的城市，只要看看这个城市的汽车广告，就能感觉到这个城市的个性、居民的文化追求及繁荣程度。

早期的汽车户外广告设计简单，但因其形式新颖，在汽车销售中发挥着重要作用。

1900年，美国奥兹莫比尔汽车厂建成，奥兹父子在工厂门口竖起了一块醒目的标志牌——"世界最大的汽车工厂"，来往行人纷纷驻足观看。这是历史上最早的汽车企业户外广告。

1914年，德国的奔驰和戴姆勒等汽车公司，先后在报刊或街头标志牌等媒体上推出宣传各自品牌的汽车广告，从此汽车广告席卷全球。

1925年7月，巴黎埃菲尔铁塔上展出雪铁龙汽车公司广告，它由6种颜色、25万个灯泡组成了"CITROEN"字样（图4-2-3），耀眼的光芒在巴黎的夜空显得格外明亮，夜间在30km外都可看到。这项电灯式汽车广告展出时间长达10年，被列入《吉尼斯世界纪录大全》。当年闻名全球的驾机独自穿越大西洋的查尔斯·里本，凭借着这耀眼光芒的导航，平安登陆法国，一时被传为佳话。

图4-2-3　雪铁龙汽车公司广告

二、汽车影院

汽车影院即观众坐在各自的汽车里通过调频收听和观看露天电影。这是随着汽车工业高度发达后所衍生的汽车文化娱乐方式之一。

自从1933年6月6日，美国新泽西州的 Richard M. Hollingshead 在他家后院创办了世界上第一家汽车影院，这种娱乐休闲方式便随着汽车的普及很快风靡整个北美地区，从而成为重要的文化特色之一。

作为汽车文化的重要标志，汽车影院已经出现在世界各地。

电影给我们的生活带来了越来越强烈的冲击，世纪之交的深刻体验之后，汽车影院的娱乐形式显得更加清新和浪漫，是家庭和朋友聚会的新颖方式。美丽的东湖之滨，当星星布满天空时，一张正在放映的硕大电影银幕前不是坐满了人群，而是整齐地停放着各式各样的汽车。座椅调到舒适角度，收音机调到指定频率，在自己舒适的"移动之家"中欣赏精彩的影片，享受超大屏幕带来的视觉和听觉冲击。品一口红酒，啜一口饮料，既有家的温馨舒适，又有影院的视听震撼。孩子可以在车里自由自在，想吃就吃，少了几分在影院里的约束与窒息。宽阔的广场，清新的空气，远离城市的喧嚣与混浊，让您在自然与时代的和谐中，尽情释放自己的"自由DNA"。

汽车影院不仅是家庭娱乐休闲的场所，也是情侣们共享浪漫的甜蜜港湾。在开阔、露天的环境中，隔离在汽车里的空气是两情相悦的甜润和独特的浪漫气氛。和自己的爱人边看电影边互诉真情，制造别样的浪漫，共度轻松的夜晚。在这里您不必顾及自己的仪态是否优美，坐着、躺着……都可以，它是为您量身定制的"雅座包厢"。

一般综合考虑小汽车本身的占地面积和通道面积，平均一辆车需 $27m^2$，用你现有场地总面积除以 27，即得出该场地的观影汽车最大数量，如果超过 200 辆，则银幕面积考虑 $100\sim150m^2$，如果不到 200 辆，则考虑 $60\sim120m^2$。$100m^2$ 以下的银幕可用 10 000lm 的放映机，全套影院设备约 20 万元。$100m^2$ 以上的银幕，要用 15 000lm 的放映机，全套影院设备 30 万～50 万元。如果愿意忍受更低的亮度，如不超过 5 000lm，约 18 万元全套。室内电影院的国家标准是不得低于 6 000lm，室外无标准，但室外有外界背景光污染，所以应提高银幕亮度。放映使用民用电即可，放映设备仅需交流220V、最大有效功率 1 500W。场地平整无遮挡，放映机和银幕的连线与场地长方向的中轴线重合布置。固定银幕（墙、钢架等）抗风能力强，充气银幕移动性强，便于出租，各有优缺点。其他与设备无关。

汽车影院有独特的观影方式，首先是集装箱特色观影，可以提供节目录制、家庭或朋友聚会、露天观影、露台烧烤等。其次是露天观影，观众可坐在户外、喝着啤酒、吃着烧烤、观看巨幕大片。别外，还可帐篷观影，躺在帐篷里看巨幕电影，如同在家一样的舒服惬意。

而且除了看电影外，汽车影院还可用于浪漫求婚、烟花、篝火、帐篷、自助烧烤、垂钓等，让电影观众置身世外，轻松愉快地享受生活（图 4-2-4）。

图 4-2-4　汽车影院

第三节　汽车文化收藏

随着汽车越来越多地进入寻常百姓家庭，以汽车文化为主题的收藏也悄然兴起，成为当今大众性收藏的又一个热点。

汽车文化收藏范围广泛，凡与汽车相关的纪念品、宣传品和文化用品等，均受到"车迷"们的青睐。

一、车模收藏

车模收藏是汽车文化收藏中人数和种类最多的一种。车模依照真实汽车的样式，按一定的比例微缩制成，仿真性强，样式别具一格，特别是一些进口的汽车模型，甚至连微小的部件也能仿作得很精致。而大多数车模又以仿制各种名车和老爷车为主，既有很高的观赏性，又有很好的收藏价值。目前，各地已相继开业了许多车模专卖店，仅在北京，大大小小的车模商店就达数十家，时有车模收藏者涉足，寻求各种精品、佳品。

二、广告收藏

在各类广告中，汽车广告占有相当大的比例，不但品种繁多，而且印刷精美，受到许多汽车收藏文化爱好者的青睐。特别是在参加各种汽车博览会、逛汽车市场、看名车展览时，要几张漂亮的汽车广告招贴画挂在自己的卧室、客厅里，已成为不少家庭的一种文化时尚。特别是那些印有世界名车和影视明星的大幅汽车广告招贴画，尤其受到年轻人的喜爱。

三、另类收藏

有些汽车爱好者已达到痴迷的程度，凡是与汽车有关的物品都纳入自己的收藏范围之内，包括那些印有汽车图案的邮票、挂历、台历、书签、扇子、卡通画、火花、纪念册及停车证、汽车驾驶员专用地图、汽车说明书、汽车书籍、汽车CD盘等，甚至还有收藏过期汽车尾气合格证、年审证、临时牌照、绿色环保标志的，可谓是五花八门。

汽车文化已成为人们现实生活中的一个重要组成部分，而别具特色的汽车文化收藏也会给人们带来许多情趣。

第四节 汽车礼仪

礼仪体现一个人的修养和一个民族的素质。待人接物、穿着打扮、谈吐就餐等日常生活中处处充满着礼仪。随着汽车逐步融入人们的社会生活，同汽车相关的各种礼仪也越来越受到重视。

一、乘车礼仪

随着现代社会生活节奏的加快，人们搭乘各种交通工具出行已经成为生活中的重要内容。畅通的交通秩序可以提高大家的工作效率，创造文明的乘车环境可以增添社会的和谐氛围。

那我们应该如何文明乘车呢？在网上调查中，网友们有以下建议。

（1）上车下车主动按顺序进行。

（2）无论站立还是坐在座位上都应该举止大方，而不应该在车厢内打闹、乱嚷。

（3）在车厢内不要吃东西，不要随地乱扔纸屑，应等到汽车到站后，把垃圾扔进垃圾箱中。

（4）上下班时乘坐公共汽车正是人多的时候，在车挤的情况下应懂得互相礼让。遇到下雨天，乘车就会遇到更多的麻烦，我们每个人都应该准备一个塑料袋，在上车前要将雨衣脱掉，雨伞收好，放进塑料袋里，以免弄湿别人的衣裳。

（5）在公共汽车上主动给"老弱病残孕"让座，以保证他们的乘车安全。"行"是我们生活中必不可少的重要内容，我们每天都有一定的时间要在公共交通工具上度过，乘车文明从某种程度上体现着我们的生活质量和公德意识。所以，每个人都应该注意自己的行为举止，让文明从乘车开始。乘车让座看似小事，却反映了一个人的社会公德意识，体现了城市的精神面貌。这种美德要发扬下去，应当从小学生做起，而家长、教师甚至每一个成年人都应该为他们做出榜样。而当别人给你让座时，我们应该主动地向对方说一声"谢谢！"，这是一种最起码的尊重。

二、行车礼仪

1. 正常行车礼仪

汽车应遵循靠右行驶的原则，各行其道，不随意变更车道；应严格遵守交通法规，按照各种交通标志行车。

转弯时，应提前打开转向灯。不要随意按喇叭。喇叭仅仅在需要的时候用短暂而清脆的声音提醒他人。在街道、安静的小区、校园等场合，不要使用喇叭提醒别人。

异常天气多为行人考虑。雨雪天气要减速慢行。驾驶人在经过水坑的时候，要注意减速、避让，不要把水溅到别人身上。

让行人先行，不跟行人抢路。即使交通灯已经变为绿色，驾驶人也应耐心等待行人横穿过马路。对新驾驶人要多宽容。有的人对新驾驶人缺乏应有的宽容和理解，嫌新手开得慢，就在后面使劲按喇叭，或者跟得很紧，造成新手越发紧张。在没有任何道路障碍的时候尽量不要压车行驶。不酒后驾车，不疲劳驾驶，开车时不打电话、不吸烟。

2. 超车礼仪

应当于左侧超车。

按照《中华人民共和国道路交通安全法》的有关规定：在经过交叉路口、陡坡、急弯等险要路段，遇雨雾等恶劣天气，当前方车示意左转弯、调头或正超车时以及设有禁止超车标志的地方严禁超车。

选择路段超车。超车时应该选择在路面平直宽阔、视线良好、左右无障碍且前方路段

150m 范围内没有来车的状况下进行。

超车应瞻前顾后。超车时一定要前后都观察清楚，在确定前后方车辆无异常情况后，鸣笛、打转向灯提醒前后方车辆自己要超车，然后果断地全速超车。超车完成并线时，还要注意驶过必要的安全距离后，再回到行车道，以防擦刮被超的车辆。

3．会车礼仪

会车时要做到"礼让三先"：先让，先慢，先停。

尽量避免在窄桥、涵洞、急转弯或有障碍物的路段会车。

会车时，要预见是否从对面来车的后部突然出现车辆和行人等情况，并随时做好停车的准备。

夜间行驶时应打开前照灯。如果自己是头车，路面采光不好，可以用远光灯照明。会车时，应及时调到近光灯，避免因强光眩目给对面车辆驾驶人造成驾驶障碍。

4．让车礼仪

人让车，让出一份安全；车让人，让出一份文明；车让车，让出一份秩序。对行车人而言，首先，让优先通行的车辆，让行人。任何情况下，发现前方有行人时，都应减速礼让行人。在驾车方具有优先通行权时，减速礼让的同时可以鸣喇叭提醒行人避让。在单位院落、居民居住区内，机动车应当低速行驶避让行人。遇大雨等坏天气，在乡村公路、小巷等狭小道路行车遇行人时，应减速让行人从较好的路面通过。其次，让公交。每一位行车者都应有公交优先的意识，自觉让公交先行，以提高道路通行效率。行车人遇后车闪灯、鸣喇叭欲超车时，应减速让超。

三、停车礼仪

停车时，要做到"三不堵"，即不堵他人车、不堵非机动车辆、不堵在商店门口和小区出入口。

不要把车停在人行道上，或占用已属于别人的车位，或堵住他车的出路。

不管车位是否拥挤，都应注意按车位线停车，或者与大家的停车方向保持一致。

不管车技如何，尽量与别的车靠近，以此让更多的车主能在这有限的空间找到停车的位置，并告知需要时与你电话联系。

在夜间或遇风、雨、雪等天气时，如果需停车要打开示宽灯和尾灯，并靠路边停放。如果发生故障需要停车，还应在车后摆好三角停车标志牌，夜间开小灯或尾灯。

第三章　汽车新技术

汽车的发展依赖于科技的进步，先进的技术是汽车性能先进性的基础。汽车发展到今天，已经不是单纯的运载工具，它已经与人类的社会生活息息相关。环保、能源、安全与信息交流，已经列入现代汽车设计的要目。

第一节　汽车安全技术

汽车在 100 多年的发展史中，有关安全性能的研究和新技术的应用，发生了日新月异的变化，从最初的乘客安全带系统、安全气囊到汽车碰撞试验、车轮防抱死制动系统（antilock brake system，ABS）、驱动防滑系统（anti-slip regulation，ASR），到无盲点、无视差安全后视镜及儿童座椅系统的研究，汽车的安全性能正日趋完善。特别是近几年，随着科学技术的迅速发展，越来越多的先进技术被应用到汽车上。目前，世界各国都在运用现代高新科技，加紧研制汽车安全技术，一批批有关汽车安全的前沿技术、新产品陆续装车使用，如变道警告、主动制动等，这些有助于弥补驾驶员的失误，从而大幅减少交通事故，使未来的汽车更加安全。

一、被动安全技术

汽车被动安全技术是指事故发生时，保护车辆内部乘员及外部人员，使直接损失降到最小的技术。被动安全技术主要包括碰撞安全技术、碰撞后伤害减轻与防护技术等。碰撞安全技术包括吸能车身、安全带、安全气囊、头枕、玻璃、儿童安全装置（图 4-3-1）。碰撞后伤害减轻与防护技术包括紧急门锁释放机构、事故自动报警系统、汽车黑匣子。

二、主动安全技术

主动安全技术又称预防安全技术，是指在轻松和舒适的驾驶条件下帮助驾驶员避免事故的技术，主要包括底盘主动安全技术、安全预警技术和综合安全技术等，如 ABS、车辆稳定性系统（electric brakeforce

图 4-3-1　儿童安全装置

distribution, EBD)、牵引力控制系统（traction control system, TCS）等都是主动安全设计。它们的特点是提高汽车的行驶稳定性，尽力防止车祸发生，如图 4-3-2 所示。

图 4-3-2　主动安全技术

1. 车轮防抱死制动系统（ABS）

现在，ABS 都是生产出的新车的标准配置，它可以防止因汽车制动抱死而产生的侧翻、甩尾或方向失控的事故发生。例如，驾驶员遇到紧急情况，慌乱中猛踩刹车同时又急转方向盘，如果车辆没有安装 ABS 会导致制动轮抱死，方向盘无法发挥作用，此时驾驶员无法通过转动方向盘来操控车辆移动的方向。它的基本工作原理就是"抱死、松开，抱死、松开"的循环工作过程，防止车轮全部抱死，从而达到最佳的制动效果。

2. 驱动防滑系统（ASR）

ASR 的作用就是当汽车加速时合理分配牵引力，以防驱动轮滑转，并保持汽车的行驶稳定性。汽车行驶在易打滑的路面上时，会使车辆出现甩尾或方向失控的现象而导致事故。装有 ASR 的车在此类路面上加速行驶时就不会出现或能够减轻这种现象，而且在转弯时也可防止车辆驱动轮打滑使车向一侧偏移而使车辆沿正确路线转向。

3. 车辆稳定性系统（EBD）

EBD 又称电子制动力分配系统，可根据车重和路况的变化来控制车轮的制动过程，可以使车辆在各种状况下保持最佳的行驶稳定性，在转向过度或转向不足的情形下效果更加明显。

4. 车身电子稳定系统（electronic stability program，ESP）

ESP 是博世公司的专利，可看成是防抱死制动、牵引力控制系统及电子节气门控制系统等功能的有机结合。而且，每年都会出现关于它更强大功能的创新系统。日产的车辆行驶动力学调整、丰田的车辆稳定性控制系统、本田的车辆稳定性控制系统及宝马的动态稳定控制系统都是与其类似的系统。

5. 轮胎气压监测与制动系统（tire pressure monitoring system，TPMS）

TPMS 如图 4-3-3 所示，主要用于在汽车行驶时，适时对轮胎气压进行自动监测，防止爆胎。它运用汽车电子技术、传感器技术、无线通信技术等，对轮胎漏气造成低胎压和高温引起高胎压进行预警，提醒驾驶员将轮胎气压保持在正常状况，确保行车安全。同时，保障轮胎气压处于正常范围，还有利于减少油耗及轮胎磨损等问题。

爆胎后及早制动减速是化解爆胎危险情况的唯一措施。前轮爆胎后及时制动可使两侧车轮制动力趋于接近，事先抑制或自动纠正方向偏航。后轮爆胎后及时制动可使汽车后部上抬，大幅减轻爆胎车轮滚动阻力和轮辋碾压轮胎，避免横向作用力和车轮滑移产生。爆胎后及时制动可使汽车迅速减速，减少汽车动能，增大车轮与路面的附着力，彻底化解风险。

图 4-3-3 TPMS

美国是世界上第一个制定并强制实施 TPMS 法规的国家。欧洲联盟（简称欧盟）2012 年生效 TPMS 标准，2014 年时，所有在欧盟销售的车辆必须装备 TPMS。目前，我国上海通用新君越和上海大众、一汽大众等国内汽车企业的一些车型也安装了 TPMS。

6. 电动助力转向系统

电动助力转向系统可根据车速、转向情况等对转向助力进行控制，使动力转向系统在不同行驶条件下都具有最佳的助力放大倍率：低速时放大倍率较大，可以减轻转向操纵力，使转向轻便、灵活；高速时适当降低放大倍率，可获得较好的转向手感和路感，提高高速行驶

图 4-3-4 电动助力转向系统

的操纵稳定性和安全性,同时兼顾了燃油经济性,有效降低车辆油耗与排放,如图 4-3-4 所示。

采埃孚(ZF)公司专门为中国市场开发了一款全新的电动助力转向系统,即管柱式电动助力转向系统,可覆盖微型车和小型车市场。由于伺服助力单元直接安装在转向柱上,整个转向系统需要的安装空间非常小。该转向系统可适配无刷电机,也可以安装于可伸缩和可调整倾斜度的转向管柱上,以提升车辆耐撞性和驾驶舒适性。还能与其他驾驶辅助系统协同工作,如车道保持、车道偏离警示、泊车辅助、转向力矩补偿、拉动漂移补偿、驱动模式选择开关及发动机起/停等功能。

7. 驾驶员辅助系统

驾驶员辅助系统包括紧急制动系统、车道偏离警告系统、强制系安全带系统、驾驶员叫醒警告技术等。

1)紧急制动系统

该系统在车速低于 30km/h 时,能在监测到追尾风险后自动采取最优紧急制动方案。该紧急制动系统由用于探测物距的长距离雷达传感器和电子稳定控制组成。在车速低于 30km/h 时,前后车距通常很小,而驾驶员从探测紧急车况到实施制动措施的时间反应非常短,为有效预防事故发生,一旦车距小于最低设定值,该系统立即采取制动。在高速行驶时,系统将采取不同等级的制动辅助措施。目前,奥迪 A 系、Q 系多数车型均配备了该系统。

2)车道偏离警告系统

如图 4-3-5 所示,当驾驶员偏离道路路标太远时,系统会发出警告,从而确保行车安全。目前,车道偏离警告系统有车道偏离提醒和车道偏离干预两种。当汽车驶离正常车道时,该系统通过转向盘上的电机振动转向盘,对驾驶员提出警告。从 2013 年起,所有出口到欧洲销售的 M2、M3 类及 N 类汽车必须配备该系统。

3)强制系安全带系统

通用研发了强制系安全带系统。该系统将强制车内成员系上安全带,如果车内成员未系安全带,车辆不会发出刺耳的未系提醒声音,而是车辆不会正常起动,这样的设计将大大提升车内成员的安全性,改善驾驶员未系安全带的安全隐患。

4)智能后视镜技术

2014 年,日产公司开发了智能后视镜技术,如图 4-3-6 所示,此技术已搭载在日产北美版逍客车型上。这款智能后视镜中集成了内置液晶显示器模块,能够在驾驶员需要时主动激活,并在传统玻璃显示器的位置显现出来。与该系统匹配的是安装在车辆后方的高分辨率摄像头。液晶显示屏将摄像头传来的图像数据进行解码后，以更高的分辨率展现给驾驶员。智能后视镜的切换功能可以通过后视镜下方的滑动开关实现。液晶显示屏相比传统屏的好处在于，它的图像不会像传统后视镜一样被车内的物件阻挡，如C柱、座椅头枕等，尤其是车内有乘客时，后排乘客会阻挡住大部分后视镜的可视范围，而液晶显示屏由于直接采用车后方摄像头的图像，因此能将车辆后方景象一览无余地展现给驾驶员。此外，液晶后视镜所展现的画面不受雨雪、雾霾和黑夜等环境因素影响。即便被后方紧跟着的车辆用前大灯直射，其图像解码程序也能良好地应对，不会造成图像眩光。

图 4-3-5　车道偏离警告系统

图 4-3-6　智能后视镜技术

5）驾驶员叫醒警告技术

汽车行驶时，常常会出现驾驶员打瞌睡的危险情况。博世公司开发的驾驶员叫醒警告技术能不间断地监测从转向盘传感器发出的信号。如图4-3-7所示，如出现驾驶员瞌睡，系统会警告驾驶员并提醒进行休息。

图4-3-7　驾驶员叫醒警告技术

2014年，通用公司开发了汽车眼脑追踪器。该设备通过对驾驶员的头部和眼部活动进行追踪，可测量驾驶员头部旋转角度，驾驶员的注意力集中在某些区域，如前方道路或后视镜的时间不够长时，即可发出警告，提醒驾驶员不要分心，注意安全驾驶。

6）汽车自动防撞系统

2014年，丰田汽车开发了汽车自动防撞系统。汽车自动防撞系统可感知路况，自动发现可能与汽车发生碰撞的车辆或行人，采取制动或规避等措施，以避免碰撞的发生。

据悉，90%以上的车辆碰撞事件都发生在时速低于60km/h的情况下。基于此，丰田研发了预碰撞安全系统。系统包括雷达、立体摄像机、近距离红外线发射器等装置，可以感知前方车辆和行人。当感知到危险时，系统会提醒驾驶员，如果车辆继续靠近，汽车自动防撞系统会自动采取制动措施。

福特汽车公司采用新型安全气囊对碰撞中的行人及车内成员进行保护。一个是发动机罩安全气囊，一个是前围安全气囊。发动机罩安全气囊安装在保险杠上方紧靠保险杠处，碰撞前由一个碰撞预警传感器激发50～75ms内完成充气，充气后的安全气囊约有1 371mm宽、558mm高、127mm厚，在两个前照灯之间展开，由保险杠顶面向上伸展到发动机罩表面以上，保持充气状态时间可达数秒，而车内安全气囊保持充气状态时间不超过100ms。前围安全气囊系统提供二次碰撞保护，气囊由传感器探测到行人与保险杠发生初始碰撞后触发，防止乘员被甩到发动机罩上后头部被风窗玻璃底部碰伤。

三、最新安全技术

2014年，奔驰汽车公司开发了新一代主动安全集成技术，并应用在顶配版奔驰S级车上，如图4-3-8所示。该集成系统包括车内后视镜上的立体摄像机、车道保持辅助系统、主动巡航控制系统、驾驶员疲劳警示系统等，拥有多达25个外部传感器，包括雷达、可见光、红外线、超声波等，系统对这些传感器收集到的信号进行整合之后，能够对车身四周360°、距离车身最远可达500m的范围进行监测。

图4-3-8 顶配版奔驰S级车

集成在车内后视镜的立体摄像机和位于车头的雷达能够监测来车和超车车辆。如果出现安全威胁，该系统将对单侧车轮制动，修正行车方向。该系统能够在60～200km/h的速度下工作，如果车辆闯入邻近车道，将通过振动方向盘提醒驾驶员。

全新的车道保持辅助系统能够借助立体摄像机和雷达，监测并保持行驶路线，即便是在缓和的弯道中也能轻松应对。再结合车距保持系统，调整制动、节气门踏板和变速器，保持与前车的距离。换句话说，奔驰S级轿车能够实现半自动驾驶。

奔驰S级的驾驶员疲劳警示系统，能够利用车距保持系统和全新的方向盘传感器，监测驾驶员的警觉度。该系统可在60～200km/h的速度范围内工作，通过声音提醒驾驶员。疲劳警示系统还能与导航系统联动，为驾驶员查找最近的服务休息区。

十字路口制动辅助系统与立体摄像机和雷达监测系统结合，能够对十字路口左右两侧进行有效监控。该系统在车辆行驶速度72km/h以内都能够有效运作，避免车辆碰撞，降低人员伤害。

意外预判系统能够使车辆在50km/h以内防止碰撞事故发生，能够在72km/h以内减缓碰撞伤害。当车尾有物体高速接近时能够通过危险警示灯加以提醒，避免出现追尾。当可能发生碰撞时，能够将制动系统和安全带保护系统调整到预备状态。

第二节 汽车节能技术

全球能源紧缺、环境保护和交通安全问题，促使汽车油耗法规、排放法规和安全法规的要求不断提高。为有效降低对进口石油的依赖，各国各地区都在大力提倡节约能源。例如，美国、日本及欧盟都提出了提高燃油经济性的目标，我国于2011年10月1日起，提高燃油经济性补贴标准，根据乘用车装备质量的不同，提高的综合燃油耗的数值也不同。汽车油耗法规和排放法规促进了汽车发动机电控技术、汽车轻量化技术和新能源汽车技术的发展，汽车安全法规促进了汽车底盘和车身电控技术的发展。

一、传统内燃机技术的改进

通过对传统内燃机技术的改进可以达到节能减排的目的。如图4-3-9所示为电控燃油喷射式内燃机，主要措施有提高压缩比、改善混合气在气缸中的流动方式、改进点火配置提高点火能量、增压中冷技术、电控燃油喷射技术等。

图 4-3-9　电控燃油喷射式内燃机

1. 汽油机节能新技术

1）废气涡轮增压、空冷技术

涡轮增压发动机由其排出的废气驱动涡轮增压器的动力涡轮高速旋转，带动进气涡轮以同样转速旋转，对进气管内的空气进行增压，然后进入气缸。很显然，涡轮增压发动机的空气进气量远远大于自然吸气式发动机的进气量，能提高发动机功率和扭矩。例如，一汽大众速腾1.4TSI汽油机最大功率为96kW，最大扭矩为220N·m；而速腾2.0L排量自然吸气式发动机，其最大功率为85kW，最大扭矩为170N·m；1.4L排量汽油机采用增压技术后比2.0L排量自然吸气式汽油机的功率、扭矩、升功率、升扭矩都要高，这等于缩小了发动机排量。

2）缸内直喷技术

传统的汽油机是通过计算机采集发动机各相关工况信息后，控制喷油器将燃油喷入进气歧管末端。汽油在歧管末端开始与空气混合，然后进入气缸内燃烧。由于汽油跟空气是在进气歧管内混合，所以只有均匀混合一种状态，当达到了理论空燃比14.7∶1（空气和燃油均能完全燃烧的最佳混合比）时，即能获得较好的动力性和经济性。但由于喷油器离燃烧室有一定的距离，油气的混合情况受进气气流和气门开关的影响较大，并且微小的油颗粒会吸附在管道壁上，因此进入气缸后真正实现理论空燃比很难，这是传统发动机无法解决的一个问题。要想解决这一难题，就必须把油气混合和燃烧的空间合二为一，将燃油直接喷射到气缸中去，即缸内直喷技术。

早期的缸内直喷式汽油机因喷射技术水平的限制，喷雾油滴的直径约为80μm。计算表明，一滴这样大小的油滴在200℃空气中需要大约55ms才能完全蒸发。如果发动机的转速为1 500r/min，那么这段时间相当于495°曲轴转角。显然，蒸发时间过长，在这种情况下油气混合不能主要依靠喷雾来实现。

随着汽油喷射技术的进步，现代缸内直喷式汽油机采用类似于柴油发动机的供油技术，通过一个活塞泵提供所需的100bar（1bar=10^5Pa）以上的压力，将汽油提供给位于气缸内的喷油器，之后通过计算机控制，将燃料在最恰当的时间直接注入燃烧室，通过对燃烧室内部形状的设计，让混合气能产生较强的涡流，使空气和汽油充分混合。如图4-3-10所示，然后使火花塞周围区域能有较浓的混合气，其他周边区域有较稀的混合气，保证在顺利点火的情况下尽可能地实现稀薄燃烧，这就是发动机分层燃烧、缸内直喷技术的精髓所在。

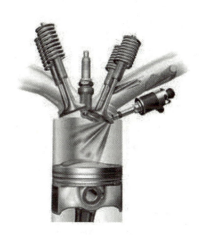

高品质的喷油器，使雾化性能大大提高，喷雾的油滴直径约为20μm，喷雾锥角可达50°～100°，常压下的贯穿深度约为100mm，此时一滴20μm的油滴在上述同样情况下仅需3.4ms或31°曲轴转角就能完全蒸发，因而汽油的蒸发和与空气的混合可主要依靠喷雾来实现，再加上缸内空气运动的辅助，变工况（如车辆加速时）和冷起动时不再需要过量喷油，冷起动喷油量得以大大减少，有害物排放也将大幅降低。

图4-3-10　缸内直喷技术示意图

同时，由于汽油直接喷入气缸内，消除了进气道喷射时形成壁面油膜的弊病，特别是在发动机尚未暖机的状态下，因而能改善变工况时对空燃比的控制，不但能改善车辆的加速响应性，而且能降低此时的有害物排放。此外，缸内直接喷射还可带来很多其他好处，从而有利于降低燃油消耗，达到节能和减少温室气体二氧化碳排放的目标。

由于汽油直接喷入气缸内，可实现稀薄混合气分层燃烧，低负荷工况时的空燃比可提高到40:1（稀薄状态），有利于降低燃油耗。由于分层燃烧，在燃烧室中央、火花塞周围进行，外围有隔热的空气层，从而减少了壁面热损失，同时全负荷时的爆震倾向降低，因此发动机能够以较高的压缩比运行。同时，在高空燃比情况下，混合气物性的改变、绝热指数的增加及混合气分层致使热损失减少，使发动机的热效率进一步提高。由于汽车发动机经常在低负荷工况下运行，因此分层混合气燃烧的直喷式汽油机可使平均燃油耗降低15%～20%。在欧洲机动车排放组合循环行驶试验中，其油耗明显低于进气道喷射汽油机，已达到了相当于非直喷式柴油机的油耗水平。

综上所述，无论是从节能和减排的角度，还是从提高汽油机动力性能的角度来看，现代缸内直喷式汽油机在进气道喷射技术的基础上，又将汽油机技术向前推进了一大步，从而

图 4-3-11　大众 1.8TSI 汽油机

成为世界汽油机发展历史上又一个重要的里程碑。

大众 1.8TSI 汽油机如图 4-3-11 所示，其采用博世公司可按需调节的高压燃油泵。该泵喷射压力可达 15MPa，比 2.0TSI 提高 4MPa。其采用缸内高压直喷和废气涡轮增压器相结合，具有更高的行驶功率、更低的燃油耗，并减少废气排放。因此，废气涡轮增压器和汽油直喷技术被大众、通用、福特等广泛采用，而日本三菱、丰田虽然最早研发出稀薄燃烧汽油直喷技术，并在其国内车型上广泛采用，但未将该技术引入中国。

2014 年，丰田推出了全新凯美瑞车型，如图 4-3-12 所示，其中 2.0L 车型搭载了丰田最新研发的双喷射系统直喷发动机。其核心包括 D-4S 双燃油喷射系统、VVT-iW 可变气门正时智能广角系统、水冷 EGR 再循环系统和超高压缩比等技术。顾名思义，D-4S 双燃油喷射系统就是除了缸内直喷的喷嘴外，在进气歧管内还设计了一个喷嘴。发动机冷起动时，采用进气歧管喷射；低中负荷时，采用混合喷射，提升扭矩，降低油耗；高负荷时，采用缸内直喷，提升功率。通过双喷射系统，直喷发动机的积炭问题也得到了很好的解决。搭载这款动力引擎的 2.0L 凯美瑞车型最大功率为 123kW，峰值转矩达到 199N·m，综合工况油耗仅为 7L/100km。

图 4-3-12　全新凯美瑞车型

图 4-3-13　全新的 Drive-E 动力系统

2014 年，沃尔沃推出了全新的 Drive-E 动力系统，如图 4-3-13 所示，它包括新款发动机及变速器。该技术将驾乘舒适性提升到新的高度，其中，发动机小型化技术使气缸数量对于动力性能已不十分重要，四缸发动机完全能够取代原先六缸发动机。新款发动机采用了一系列先进技术，包括全球首创的 i-Art 喷射技术，以及汽油发动机将压缩机和涡轮增压器融合为一体的新技术。全新 Drive-E 动力系统的燃油效率较现款发动机提高 13%～26%。达到这一效率的关键在于新款发动机的尺寸大幅减小。此外，全新 Drive-E 动力系统采用直喷和可变气门正时，并辅以其他高级功能，如全新的 8 速自动变速器和自动起 / 停系统。

2014 年，梅赛德斯奔驰上市了"A 级车"的高性能版 A 45 AMG 4MATIC，如图 4-3-14。该车采用新开发的 2.0L 直列四缸直喷涡轮增压发动机，最高输出功率可达到 265kW，最大转矩为 450N·m。这些数值在当时全球已量产的四缸发动机中均为最大。单位排量的最高输出功率为 133kW，0～100km/h 的加速时间为 4.6s。当然，这些数值均为公司内部参考值。该车通过使用压电式喷嘴的喷雾引导式直喷系统和多火花点火系统，实现了低油耗。而且，通过采用双涡轮增压器提高了响应性，可在所有转速区获得充分的转矩。

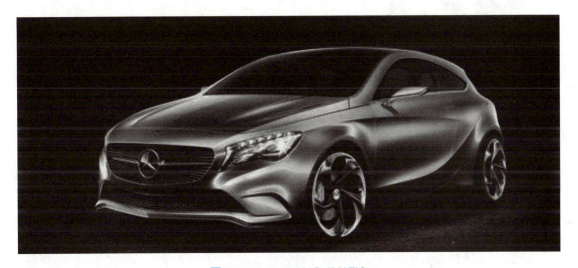

图 4-3-14　A 45 AMG 4MATIC

2014 年，通用汽车发布了雪佛兰全新一代科鲁兹动力总成技术。科鲁兹率先搭载了通用汽车全球最新一代 Ecotec 小排量发动机和全新 DCG 双离合变速器，不仅动力方面显著提升，而且在降低油耗、提升排放标准等方面也取得了显著成效。该发动机采用了缸盖和排气歧管一体化设计，取消了原有排气歧管，将涡轮直接固定在缸盖上，大幅降低了发动机重量。同时，涡轮增压器更靠近发动机，反应更快，从而大大降低涡轮增压系统所固有的迟滞现象。

3）复合增压技术

未来，复合增压技术（图 4-3-15）将得到广泛应用，该技术是在废气涡轮增压的基础上串联机械式增压器。大众汽车公司开发的 1.4TSI 双增压分层直喷汽油机是在开发成功的燃油分层汽油直喷汽油机上，进一步采用废气涡轮 - 机械复合增压新技术，使发动机最大功率达 125kW，升功率达 89.29kW/L，升扭矩达 171.43N·m/L。1.4L 排量采用这一技术后达到君越 2.4L 自然吸气式汽油机的功率水平。该发动机通过两级增压后，其增压比达 2.5：1，平均有效压力达 21.7bar，其爆发压力达 120bar（FSI 汽油机为 85bar），其机械增压器可以接合，也可以脱开。采用两级增压后，在低转速时能达到最大扭矩。机械式增压器从需要的最小扭矩起一直到 2 400r/min，而后废气涡轮增压器参与工作，直至发动机转速达 3 500r/min 时，机械式增压器脱开，废气涡轮增压器逐步过渡到全负荷运转，并单独产生所需增压压力。

机械增压器由集成在水泵传动带轮上的一个带电磁离合器的带轮传动，如图 4-3-16 所示。调节阀用来为废气涡轮增压器提供运转时所必需的空气量，只有当废气涡轮增压器单独增压时，该调节阀才打开。在机械增压器工作时，增压压力通过旁通空气回路中的电控调节阀调节，它能在机械增压器和废气涡轮单级增压之间无级变换。

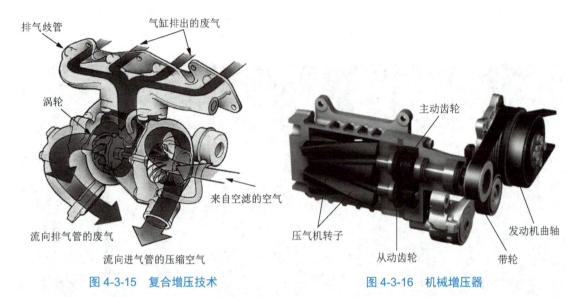

图 4-3-15　复合增压技术　　　　　　图 4-3-16　机械增压器

机械增压器可克服废气涡轮增压发动机低转速时的"迟滞效应"，瞬时增压响应灵敏，低速扭矩和汽车加速性良好。其结构简单，成本低，工作温度低，基本可以做到免维护。

4）电动辅助增压技术

该技术是将电机/发电机安装在涡轮增压器轴上，由电控单元控制工作状态，利用功率调节器来缓冲电机/发电机与蓄电池之间的能量转换过程，保证电机/发电机工作的平稳。

美国卡特彼勒公司在货车发动机上采用电涡轮复合技术。当涡轮增压器中涡轮产生的功率超过压气机功率需求时，这部分过剩功率通过涡轮增压器转轴上的电机被转换成电功率，用于驱动其他车载电气设备。当压气机功率需求无法得到满足时，电机可用来加速涡轮转速或由车载储能装置提供。

2. 柴油机节能新技术

柴油机由于采用直喷、废气涡轮增压中间冷却、废气再循环（EGR）、高压燃油喷射系统（单体泵、泵喷嘴、共轨），其节能减排效果非常明显，如图 4-3-17 所示。柴油机油耗比汽油机低 30%，CO_2 排放比汽油机少 20%，相同排量的柴油机扭矩比汽油机高 50%。而且，如今的柴油机已有效避免了冒黑烟、振动大、噪声大等缺点。在欧洲，柴油乘用车新车注册量已达汽车保有量的 50%，在法国更是高达 70%。我国柴油商用车已占商用车销量的82.7%，中、重型货车，大、中型客车基本上已柴油化，但柴油乘用车只占乘用车销量的0.55%。虽然一汽大众捷达、高尔夫、奥迪A6、上海大众帕萨特都推出了柴油轿车，但市场反应冷淡。

1）柴油车高压共轨燃油喷射技术

在柴油车中，高压共轨燃油喷射技术发展很快，节能减排效果明显。博世公司已在第二代高压共轨燃油喷射技术基础上推出第三代、第四代电控高压共轨燃油喷射系统。

图4-3-17 柴油机节能新技术

目前我国采用的多是博世公司第二代高压共轨燃油喷射系统。该系统采用喷射压力为1 600bar的电磁阀喷油器，可满足我国乘用车国Ⅳ排放法规。

2014年，博世针对中国市场推出CRS1-18共轨系统。该系统升级简单，适用范围广泛，具有非常高的经济性，其喷射压力高达1 800bar，使柴油机更加经济节能，CO_2排放量更低。同时该系统的所有部件都是专为中国市场需求而设计的，并且实现了本土化生产。该系统在满足国Ⅴ排放标准的同时，可提高发动机输出功率。CRS1-18共轨系统适用于经济型乘用车、轻型商用车及微型客车。针对国内的中、重型商用车和非道路车辆市场，博世还推出了CRSN3-20-BL共轨系统。据悉，该系统在满足欧Ⅵ排放标准的同时能大幅降低油耗。

博世公司第三代共轨系统的喷射压力已提高到2 000bar，可进一步降低排放和油耗。其采用石英压电原理的压电式喷油器代替了电磁阀喷油器。如图4-3-18所示，压电式喷油器利用石英晶体在电场作用下伸长，使喷油器执行器在1/10 000s内做出动作响应，比电磁阀喷油器动作响应速度提高了一倍。由数百个薄的石英晶片组成的石英晶体集成块体积非常小，将其安装在喷油器内，石英晶体集成块的运动被迅速传到喷油器针阀上，从而可实现更准确的油量计量，并有利于提高喷油器雾化质量。

博世公司第四代高压共轨燃油喷射系统的最高喷射压力可达2 500bar。该系统首次采用液力增压原理，允许在喷油器针阀处产生非常高的喷射压力，同时又使共轨管和通向喷油器的高压油管内油压相

图4-3-18 压电式喷油器

对较低，从而降低对共轨管和高压油管的要求。为降低燃烧期内氮氧化物（NO_x）的形成，第四代共轨系统提出了新的喷油规律，允许喷油压力逐步上升，从而实现缸内平稳的燃烧、缓慢的温度变化梯度和较低的NO_x形成，有利于降低微粒的生成。

随着多次喷射能力的提升，发动机的燃烧过程可得到更好的控制调节，有效降低微粒和NO_x的形成，还可进一步降低发动机噪声。最新一代共轨系统可实现循环5次喷射（2次预喷用以降低发动机噪声，1次主喷、2次后喷用以提高催化转化器的预热温度）。

2) 两级废气涡轮增压技术

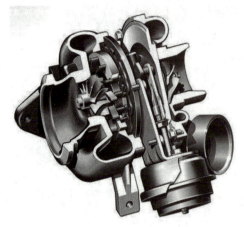

图 4-3-19　废气涡轮增压器

大多数柴油机都采用废气涡轮增压器来提高柴油机功率。目前，柴油轿车采用可变涡轮几何形状的涡轮增压器，如图 4-3-19 所示。废气涡轮增压器能有提高发动机低速扭矩和提高标定功率之间的矛盾。要求在较低的发动机转速下达到最大扭矩，以改善其加速性。同时，提高发动机高转速范围的增压度，达到较高升功率。在经典的两级调节增压器中，一个"较大"的低压废气涡轮增压器和一个"较小"的高压废气涡轮增压器两个废气涡轮增压器串联布置，如图 4-3-20 所示。这种增压系统带有一个用于高压涡轮的旁通通道，主要用于商用车。其中低压废气涡轮增压器在较低发动机转速下，因为废气供应量少，所以仅承担一小部分增压任务，高压涡轮增压器的调节阀完全关闭。这样，废气能量就完全用于高压压气机中，对新鲜空气进行压缩。在中、高转速范围，只要所要求的增压压力达到了，那么就有一部分废气绕过涡轮机一侧调节阀。这样，废气能量就不会流失，而是完全供低压涡轮机使用。为了达到更加严格的排放法规的要求，商用车柴油机全负荷工况下必须保持高的废气再循环率。两级调节调压除了提高起步扭矩外，还提高了标定功率，即使在中等转速也能在保持最大点火压力不变的条件下提高平均有效压力。宝马汽车公司六缸共轨直喷式柴油机采用两级增压技术，玉柴在 2011 年工博会上也推出了双增压柴油机。

图 4-3-20　两级调节增压器

当发动机转速较低，产生的废气不足以推动涡轮运转时，就会出现"涡轮迟滞"效应。而涡轮增压器可有效解决这个问题，使发动机在高速和低速下都能获得充足的进气量。在柴油机领域，涡轮增压器已得到广泛应用，而汽油机排气温度远高于柴油机，一般增压器材料很难承受如此高的温度环境。因此，涡轮增压器迟迟未能在汽油机上应用。

发动机在不同转速和负荷下，对涡轮的流量要求是不同的。涡轮增压器可在发动机怠速和低速时，将涡轮叶片关闭或开度变小，从而提高发动机低速扭矩，改善响应性能。在发动机高速运转时，涡轮叶片全开或开度很大，以保证发动机获取所需的空气和动力。采用涡轮增压器后，HC、CO 和颗粒物排放得到改善，而对 NO_x 排放量影响不大。

3. 均质充量压缩点燃技术

均质充量压缩点燃（homogeneous charge compression ignition，HCCI）是一种全新的内燃机燃烧概念，它既不同于柴油机（非均质充量压缩点火），又不同于汽油机（均质充量火花点火），是一种火花点燃式发动机和压缩点燃式发动机的混合体，如图 4-3-21 所示。

图 4-3-21　均质充量压缩点燃技术

其特点如下。

(1) 采用均质混合气。空气和燃油在 HCCI 发动机的进气系统中预混合，形成均质的空气/燃油的混合气，然后进入气缸内进行压缩，也有燃油直接喷入气缸，在气缸内与空气进行预混合的。

(2) 采用压缩点燃。在压缩冲程中，混合气温度升高，达到自燃温度而自燃，不需要任何点火系统。

(3) 采用比汽油机高得多的压缩比，且允许压缩比在一个较宽的范围内变动。

(4) 为了使均质混合气能通过压缩而点燃，必要时需对吸入空气进行加热。

(5) 由于是压缩点燃，可采用相当稀的混合气。因此，可按变质调节的方式，直接通过喷油量来调节扭矩，不需要节气门。

(6) 既然均质混合气是自燃的，那么燃烧大体上在整个气缸内同时开始，可采用过量空气或残余废气来实现高稀释的混合气。

(7) HCCI 发动机采用的燃油辛烷值允许在一个较宽的范围内变动。既可采用汽油、天然气、二甲醚等辛烷值较高的燃油作为主要燃料，又可采用多种燃料混合燃烧，也可对高辛烷值燃料和低辛烷值燃料进行调整。还有人用柴油作为 HCCI 燃料，但效果远不及汽油。

HCCI 这一燃烧方式具有重要的理论意义和广阔的应用前景，目前已在化学反应动力学机理、燃烧控制、负荷拓展等多个方面有了很大的进步。不过，业内多数研究机构认为该技术成熟至少应在 2015 年后，要想实用化在还技术上还存在很多弊端。这些弊端主要包括均质混合气的制备、CO 和 HC 排放的降低、低负载下的燃烧不稳定和失火、高负荷下的燃烧粗暴、着火相位和燃烧速率的控制等。

4．变速器技术

1）9 挡行星排式自动变速器

采埃孚（ZF）生产的全球首款 9 挡行星排式自动变速器（9HP）适用于发动机前横置的乘用车车型。如图 4-3-22 所示，此款变速器具有两个基础型号，适合发动机扭矩为 200～480N·m 的匹配工况。得益于其模块化的设计，即使在前驱车型有限的安装空间内，基础变速器仍可根据实际需求，升级为可兼容自动启停及四轮驱动功能的变速器型号。

燃油经济性及低碳排放是 9HP 的一大特点，相比目前市场主流的横置 6 挡变速器，9HP 高达 9.81 的大齿比跨度使其具有高效的燃油经济性，可额外降低油耗 16%。

该变速器的核心结构由 4 组行星齿轮和 6 个换挡元件组成。就目前市场主流的前横置发动机的乘用

图 4-3-22　9 挡行星排式自动变速器（9HP）

车型而言，将所有零件集成为一个变速器有限的安装空间内是一项极大的挑战。为此，ZF 的工程师并没有将各组行星齿轮系依次轴向布置，而是革新化地将其嵌套布置。此外，9HP 引入了模块化的设计理念，这使其可适用于多种不同的应用工况。在完成 0～100km/h 加速时间上，其相比 6 速自动变速器最多能够提高约 2s。9 挡位带来的是显而易见的平顺性和经济性方面的优势，而效率更高的控制系统也使变速器的响应速度明显提升。

2）DSG 双离合变速器

DSG (direct-shift gearbox) 双离合变速器 (图 4-3-23) 是目前世界上最先进的、具有革命性的变速器系统，大众汽车在 2002 年于德国沃尔夫斯堡首次向世界展示了这一技术创新——6 速 DSG 湿式双离合变速器。大众汽车公司投入 1.5 亿欧元在卡塞尔的大众工厂，用于制造 DSG 双离合变速器，该工厂最大日产能为 1 000 台。该变速器采用了双离合器和 6 个前进挡的传统齿轮变速器作为动力的传送部件，主要与高扭矩的发动机配合使用。

图 4-3-23　DSG 双离合变速器

DSG 有别于一般的半自动变速箱系统，它是基于手动变速箱而不是自动变速箱，手动变速箱的结构较自动变速箱效率更高，所能承受的扭矩也更大（目前 TT 上的 DSG 可以承受 350N·m），而 DSG 除了拥有手动变速箱的灵活及自动变速箱的舒适外，更能提供无间断的动力输出。

传统的手动变速箱使用一台离合器，换挡动作分为 3 个动作：离合器分离——变速拨叉拨动同步器换挡（前挡齿轮分离 / 新挡齿轮啮合）——离合器结合。这 3 个动作是分先后进行的，驾驶员须踩下离合器脚踏，令不同挡的齿轮做出啮合动作，而动力就在换挡期间出现间断，令输出表现有所断续。

传统的自动变速箱没有控制与发动机输出轴通断的离合器，而是靠液力变矩器配合行星齿轮组进行换挡。它与手动变速器除了在自动控制上的差异，机械方面最大的差异就是行星齿轮组的齿轮处于常啮合状态，通过给某些齿轮的离合或制动，产生不同的传动比。

可以把 DSG 想象为将两台手动变速箱的功能合二为一，并建立在单一的系统内。它没有液力变矩器也没有行星齿轮组，从齿轮部分看很像一台手动变速器，因为它有同步器，但不同的是它用"双"离合器控制与发动机动力的通断，这两台自动控制的离合器，由电子控制及液压推动，能同时控制两组离合器的运作。当变速箱运作时，一组齿轮被啮合，而接近换挡之时，下一组挡段的齿轮已被预选，但离合器仍处于分离状态；当换挡时一具离合器将使用中的齿轮分离，同时另一具离合器接合已被预选的齿轮。这 4 个动作都是在电控单元的控制和作用下同时进行的，因此变速反应极快，在整个换挡期间能确保最少有一组齿轮在输出动力，令动力没有出现间断的状况。要配合以上运作，DSG 的传动轴被分为两条，一条是放于内里实心的传动轴，另一条则是外面空心的传动轴。内里实心的传动轴连接 1、3、5 及倒挡，而外面空心的传动轴则连接 2、4 及 6 挡，两具离合器各自负责一条传动轴的接合动作，发动机动力便会由其中一条传动轴做出无间断的传送。从布局上看，这套变速器长度很短（长度相当于传统 6 速变速器的一半），所以可以用于前置前驱的车型上。

近年来，大众还开发了 10 速 DSG 双离合变速器。10 速 DSG 双离合变速器将是大众未来改进的重点，将推动大众到 2020 年车型燃油经济性提升 15%。该变速器将取代大众现有的 6 速 DSG 双离合变速器，用于动力更加充沛的新车，10 速 DSG 双离合变速器转矩承受值达到了 500N·m，目前尚没有其他变速器扭矩能达到此承受值。

二、整车轻量化节能技术

实现车身结构轻量化主要有两个途径：一是选用强度更高、质量更轻的新材料，如铝合金、高强度钢材等；二是设计更合理的车身结构，使零部件薄壁化、中空化、小型化、复合化，以及对车身零部件进行结构和工艺改进等。

宝马 i3（图 4-3-24）大量采用了轻量化的碳纤维复合材质，其车体部分质量为 180kg，整车质量也只有 12 500kg。碳纤维复合材料高强度的特性也为宝马 i3 提供了较高的安全性保障，在遭遇前方 64km/h 碰撞和后方 80km/h 速度追撞的情况下，都能为车内乘员以及电池模块提供充足的防护。宝马在投资大型碳纤维原料公司的基础上，又投入了 6 亿欧元在德国莱比锡建立了碳纤维车体生产线，打造出全世界首座大量生产的碳纤维工厂。

图 4-3-24　宝马 i3

日本大丰工业集团旗下的 NIPPON GASKET 展出了平衡轴用树脂齿轮，如图 4-3-25 所示。此前平衡轴的齿轮一般由金属制造。树脂材质不仅可以使质量减轻到金属制品的一半以下，而且可以降低运行噪声。生产流程首先在芳纶长纤维表面附着酚醛树脂粉末，接着将其溶于水中使之均匀分散，再制造成 2mm 厚的片材。将 10～20 张片材层叠，制成 20～40mm 厚的板材，并将板材冲压成齿轮形状。这时由于是冲压，因此齿轮为平齿轮，之后将冲压件放入模具，加热、压缩成型。齿线随着模具变为倾斜，变成斜齿齿轮。最后像金属齿轮一样用滚齿机加工，获得高精度。加工好的成品具有高硬度、良好的耐磨性及耐高温的特性，未来或许会得到广泛使用。

图 4-3-25　平衡轴用树脂齿轮

第三节 汽车环保技术

地球环境的恶化为汽车的发展提出了更高的要求,汽车的排气控制、噪声污染、材料的可回收等越来越受到人们的关注。排放的进一步改善、新能源汽车的研究、汽车车身新材料的运用必将成为未来汽车的发展趋势。

一、传统内燃机技术的改进

1. 前置多元催化器技术

汽车前置多元催化器技术是一种作用于汽车发动机燃烧系统,对做功燃烧过程起作用(催化燃烧)的前沿技术。图4-3-26所示为一个前置多元催化器。

图4-3-26 前置多元催化器

当空气通过催化器时,以空气为媒介(载体),把催化器里的催化元素带进燃烧室(利用发动机进气道的真空吸力或压力差),使燃烧室内弥漫着催化元素,营造一个催化环境,可燃气体(或混合气体)借助催化剂的作用,能使反应的活化能降低,加剧了燃烧氧化反应,提高了燃烧火焰传播的速度,使燃料的利用率得到实质性的提高。催化燃烧可以是一种"弱火焰"或无火焰的传播燃烧过程,允许燃烧(氧化反应)在低于正常贫油火焰稳定极限的油气比对应温度下进行;允许在温度低于1000K时稳定燃烧。催化燃烧可以在温度不高的时候也发生较强烈的氧化反应,使CO、HC氧化为CO_2和H_2O,可以认为这是低温补充燃烧过程。在内燃机上,催化燃烧可以发生在进气、压缩过程中,使爆燃(有火焰传播)反应所需的活化能降低,使燃烧氧化反应更容易、更迅速、更充分,产生更多的能量;也可以发生在爆燃(有火焰传播)的后期(做功过程末段和排气过程),使剩余的CO、HC能继续氧化反应为CO_2和H_2O,虽然产生能量不多,但对尾气排放非常有好处(清洁燃烧)。

2013年1月10日,比亚迪在北京举行的世界级技术解析会上发布了一款名为"绿净/绿混"的汽车新技术,其可以有效应对雾霾天气出行问题。

"绿净"技术就是车内空气过滤技术,集成于车内空调系统,通过电离层、高效精滤技术、纳米铂金技术、静电积尘技术4层净化来达到过滤、杀菌、除臭的目的,如图4-3-27所示。其可以检测车内外空气中PM2.5的含量,并将其控制在12以下(优良的空气质量水平),为车内的乘客提供一个健康的环境,让车主全程享受清新呼吸,而整个净化过程只有几秒钟。该技术有一个类似于空调滤芯的装置,需要定期进行更换。

图 4-3-27 "绿净/绿混"技术

"绿混"技术是一套绿色、环保、经济的混合动力技术,主旨是推动燃油车的节能减排。该技术通过智能控制汽车上的能量流动,大大提升能量转换效率,从而使整车更高效、更低耗、更洁净、更智能。它主要有两大技术亮点。

1) 将动力电池和起动电池合二为一,启用 48V 铁电池

随着车载电子设备越来越多,耗电量也越来越大,传统的 12V 铅酸蓄电池已经难以跟上当今汽车电子化、智能化的发展步伐。首先,铅酸蓄电池不利于进行能量管理,也就是说很难通过计算机对其进行精确的、高效的电池能量管理。其次,12V 的车载电压网络会导致电能在传输过程中存在较大的能量损耗,而通过将整车电压提升到 48V 后,就大大降低了这种损耗(类似通过提高输电线电压来降低能耗),同时还可以集成更多的用电设备,如起/停装置、电动助力、LED 灯具等。

在这项技术中,比亚迪抛弃了传统的铅酸蓄电池,转而采用动力铁电池,这样可以对能源进行更为有效的管理。此外,为了进一步降低能耗,比亚迪还将家电行业中的变频技术应用在车辆上,如变频压缩机、变频油泵、变频风扇等,最终同样可以达到节能的目的。

2) 采用低电压、大扭矩、双绕组电机

"绿混"技术的另一大亮点是采用了低电压、大扭矩、双绕组电机技术。简单来说,这种电机可以在 48V 低电压的条件下协助发动机进行加速(传统混动车型都需要 100V 以上的高电压),同时它的发电效率也更高。这台电机在车辆起步加速阶段来辅助发动机,从而减少燃油消耗,在制动或减速滑行时,通过电机回收制动能量对铁电池进行充电。其实"绿混"技术类似于一个选装包,搭载"绿混"技术的车辆可实现百公里节油 1.5L 左右。

3. 智能起动/停止系统

智能起动/停止系统可帮助节省燃油并减少 CO_2 排放。使用智能起动/停止系统时,

如遇红灯，那么车辆静止时发动机自动熄火，点火开关在停机阶段保持打开状态，需要时，发动机自动再次起动。发动机熄火与否，驾驶员通过降低或提高制动力量进行控制。在走走停停的行驶或转弯时，如果只是轻踏制动踏板，那么车辆在静止时发动机不会熄火，一旦重踩制动踏板，发动机则被迫熄火。

  汽车在起动时必须附加一些燃料进入气缸内，以提高起动扭矩，因而其在起动时，不仅增加燃油消耗，还使排放恶化。因此，在微混合动力车上采用带驱动的发电机/起动机。在上海君越轻混合动力车上，采用峰值功率为7kW的发动机/起动机。在起动时，由该电机来带动汽车行驶，此时，发动机不工作。在城市中，汽车经常遇红灯或交通堵塞，智能起动/停止可使发动机停止工作，降低油耗减少排放。采用该系统可减少3%～5%的燃油消耗。

二、新能源汽车

  根据2007年国家发展和改革委员会《新能源汽车生产准入管理规则》和2009年国家工业和信息化部《新能源汽车生产企业及产品准入管理规则》，定义新能源汽车是指采用非常规的车用燃料作为动力来源（或使用常规的车用燃料、采用新型车载动力装置），综合车辆的动力控制和驱动方面的先进技术，形成的技术原理先进，具有新技术、新结构的汽车。按照此定义，新能源汽车应包括纯电动汽车（包括太阳能汽车）、混合动力电动汽车、燃料电池电动汽车、氢发动机汽车、其他新能源（如高效储能器、二甲醚）汽车等。

  2012年国务院《节能与新能源汽车产业发展规划（2012—2020年）》中更明确指出，目前我国新能源汽车是指采用新型动力系统，完全或主要依靠新型能源驱动的汽车。其主要包括纯电动汽车（图4-3-28）、混合动力电动汽车及燃料电池电动汽车等。

图4-3-28　纯电动汽车

1. 纯电动汽车

纯电动汽车是指汽车的驱动力全部来自电机的汽车，其包括增程式电动汽车。

采埃孚（ZF）研发的适用于小型和中型轿车的电动车驱动产品，能很好地适应未来的城市交通状况。其驱动单元安装于车桥中部，最大输出功率为120kW，能保证在低速情况下输出高扭矩值。并且，其动力电源是与电驱装置集成为一体的。采埃孚（ZF）电驱模块的核心是一个异步电机，无须使用带钕或镝等稀有元素的接地材料。此外，该产品还包括一个结构紧凑的单速比传动机构、动力电源和一套控制程序。得益于两级减速的传动机构和创新的高转速设计，采埃孚（ZF）电驱系统的转速可达 21 000r/min，同时还具备电能转化效率高和性能优异的特点。其通过对整套电驱系统的性能优化，可使电能转换效率提升 6%。这款电驱装置的质量约为 45kg。另外，采埃孚（ZF）还在对此不断研发，以进一步提高输出/质量比。

2. 混合动力电动汽车

以两种和两种以上的储能器、能源或转换器作驱动能源，其中至少有一种能提供电能的车辆称为混合动力电动汽车，目前最常见的是发动机和动力蓄电池的组合。而能列入我国新能源汽车范畴的混合动力电动汽车是插电式混合动力电动汽车。

就混合动力电动汽车系统的结构而言，其主要由以下 4 个方面组成：①控制系统；②驱动系统；③辅助系统；④电池组。就混合动力电动汽车的原理而言，其主要通过传统的汽油发动机加上电动机输出动力作配合，当发动机在工作时也能够对蓄电池进行充电，进而将电动机和发动机产生的动力不断切换和转化，以便达到双动能推动。通过这样的配合方式，可以在一定程度上减少耗油和废气排放，达到环保的效果。

3. 燃料电池电动汽车

燃料电池电动汽车是指以燃料电池系统作为动力源或主动力源的汽车。燃料电池是指将外部供应的燃料和氧化剂中的化学能通过电化学反应直接转化为电能、热能和其他反应产物的发电装置。

4. 氢发动机汽车

在 2014 年的 CES 展会上，丰田再次推出了利用氢产生电能的全新燃料电池汽车。其原理是装在容器中的液态氢与空气反应产生水，同时产生电能，将电能输送给发动机，从而实现汽车的运行。与纯电动汽车相比，该车加满氢可行驶 300 英里（480km），更适合远距离行驶。

5．LPG、CNG 双燃车

LPG（liquefied petroleum gas）通常是指车用石油液化气，CNG（compressed natural gas）是指压缩天然气。在应用的过程中，这两种材料都是可以单独使用，保证车辆正常行驶的。在当前的轿车领域当中，这两种燃料通常以双燃料的形式存在。其在应用的过程中最大的优势就是不含苯、铅、硫等污染性比较严重的元素，同时燃烧相对更为充分，所以在汽车运行的过程中可以有效降低油耗，减少这一过程中排出的污染物。

要保证LPG和原车的改装具有良好的融合性就必须做好以下几个方面的工作：首先就是发动机要有良好的可靠性和适配性，加装了燃气系统之后，一定要保证其对原车的各项性能都不会产生非常不利的影响。其次是车辆后部在受到了撞击的时候，不会因为加装了气罐就影响了整个车辆的安全性。再次是燃气系统中的计算机和电气设备一定要能够和汽油计算机与外部的电磁干扰相互融合。最后是线束和插件连接必须要保证连接正确，同时也要做好防水、防潮的工作，这样就很好地避免了电气故障的产生。

第四章 汽车美容

汽车美容是指针对汽车各部位不同材质所需的保养条件,采用不同汽车美容护理用品及施工工艺,对汽车进行保养护理。汽车美容源于西方发达国家,英文名称为 car care。

第一节 汽车美容基础知识

一、汽车美容概述

汽车美容是指针对汽车各部位不同材质及美容机理,采用专业优质的汽车美容护理用品及施工工艺,对汽车进行全新的及有针对性的保养护理、美容和翻新,增强其装饰性和美观性的一种行为,如图 4-4-1 所示。

图 4-4-1 汽车美容

汽车美容随着整个汽车产业的高速发展,已经达到非常完善的地步,也有人称这一行业为"汽车保姆"(Car Care Center)。现代意义的汽车美容,不只是简单的汽车打蜡、除渍、除臭、吸尘及车内外的清洁服务等常规美容护理,还包括利用专业美容系列产品和高科技技术设备,采用特殊的工艺和方法,对漆面进行增光、打蜡、抛光、镀膜及深浅划痕处理,全车漆面美容、底盘防腐涂胶自理,以及发动机表面翻新、轮胎更换维修、钣金、车身油漆修补等一系列养车技术，以达到"旧车变新、新车保值、延寿增益"的效果。

汽车美容根据汽车实际美容的程度分为一般美容、汽车修复美容及专业汽车美容。

（1）一般美容即人们常说的洗车、打蜡，这种方法只能去除汽车表面的污物、尘土，增加汽车的光亮度，是一种粗浅的美容方法，无法针对车身漆膜不同程度的氧化和老化，制定不同的美容方案。

（2）汽车修复美容是针对汽车车身漆面或内饰件表面出现某种缺陷后所进行的恢复性美容作业，根据缺陷的范围和程度不同分别进行表面处理、局部修补、整车翻新及内饰件修补更换等美容作业。修复美容只是针对车身的漆膜缺陷部分，而未考虑其他部位的保养与护理，因此不够全面和彻底。

（3）专业汽车美容不仅包括汽车的清洗、打蜡，而且包括汽车护理用品的选择与使用、汽车油漆护理、汽车整容及装饰等。常见的专业汽车美容的主要项目和内容如下：

① 整车外部彻底清洁，包括大块泥沙冲洗，油污、静电去除及新车开蜡，深度清洗和漆面胶油、沥青、鸟粪等杂物处理。

② 整车的除锈、防锈、防腐蚀处理。

③ 玻璃彻底保养护理，包括抛光增亮翻新及清洁、防雾处理、加装防冻清洁剂。

④ 发动机系统的美容护理。

⑤ 漆面美容护理，包括橘皮等特殊现象的处理，漆面一度抛光翻新、去除深度氧化层、轻划痕，漆面二度抛光翻新、去除太阳纹、斑点，漆面增艳养护处理，漆面超级上釉、镀膜护理及漆面深度划痕、局部创伤快速漆面修复。

⑥ 保险杠、车裙、挡泥板、车灯、后视镜、轮胎、轮毂、底盘等保养护理。

⑦ 车内各部件及主要配置的保养护理。

⑧ 全车电光、镀铬表面去除氧化层抛光翻新。

⑨ 整车美容护理后的全面检查。

二、汽车美容的依据与原则

1. 汽车美容的依据

汽车美容应根据车型、车况、使用环境及使用条件等因素，有针对性地、合理地安排美容作业的时机及项目。

其一要依据汽车的档次而定。汽车美容项目、内容及使用用品应有选择性。高档轿车可考虑使用高档美容用品机械美容作业，重点放在美容效果上，一般汽车只要进行常规的美容作业即可。

其二要依据车辆行驶状况而定。汽车美容作业应依据汽车漆膜及其他物面状况有针对性地进行。如车漆表面出现划痕，尤其是较深的划痕，若不及时处理会导致金属锈蚀，增大处理的难度。

其三是要依据汽车行驶环境而定。汽车行驶的地域和道路不同，对汽车机械美容作业的时机和项目也不同。如汽车经常在污染严重的工业区行驶，应缩短清洗周期，经常检查漆面有无污染色素沉着，并采取积极预防措施。如汽车经常在沿海地区行驶，由于当地空气潮湿，且大气中含盐分较多，一旦漆面出现划痕应立即采取措施治理，否则会很快造成内部金属锈蚀。如汽车经常在西北地区行驶，由于当地风沙较大，漆面易失去光泽，应缩短打蜡抛光的周期。

其四要依据季节变化而定。不同季节气温气候的变化，对汽车表面及室内部件有不同程度的影响。如夏季气温高，漆面易高温老化；冬季寒冷干燥，漆膜易冻裂，应进行必要的预防护理；且冬夏两季经常使用空调，车内易出现异味，应定期进行杀菌和除臭。

2. 汽车美容的原则

其一是预防与处理相结合的原则。尽管轻微的漆面划痕可以通过研磨抛光等手段进行处理，但这样会使漆面变薄，减少了有效处理的次数。因此汽车美容护理时应采用预防与处理相结合的原则，以预防为主，积极预防损伤的发生。

其二是专业美容与自助美容相结合的原则。汽车在日常的使用中，车主应该自己动手进行保养和维护，特别是车身表面、车轮等部位。只有将汽车专业美容与自助美容有机结合起来，才能使汽车美容项目既经济又实用。

其三是单项作业与全套作业相结合的原则。汽车美容护理作业的项目和内容很多，在作业中应根据汽车自身的状况有针对性地选择项目和内容。

其四是局部护理与全车护理相结合的原则。如果汽车漆膜的局部出现损伤，只要对局部进行处理即可，只有在全车漆膜绝大部分出现损伤时，才对全车漆膜进行处理。

三、汽车美容行业的现状与市场前景

现在人们对汽车不仅要求"行得方便"，也要求"行得漂亮"。因此，汽车定期美容护理正在成为汽车消费的重要内容之一。作为汽车后市场的一块，汽车美容业还有很大的发展空间。

1. 汽车美容行业的现状

（1）技术层次低。汽车美容专业化要求非常高，它与一般的洗车擦车、打蜡上光等有着本质的区别。作为新兴行业，由于没有明确的主管部门，并缺乏有关的技术标准和法律规范，汽车美容业存在着诸多问题。目前汽车美容企业只有很少几家具有全国性的品牌效益，汽车美容企业还没有实力建立自有全国物流配送系统。

（2）利润高，竞争激烈。由于汽车美容装潢业具有灵活、操作简单、利润较高、风险较低等特点,因此国内的大量洗车店、汽车配件精品店、轮胎店、汽修厂及个人蜂拥进入汽车美容市场,以争得市场上的份额,致使市场竞争日趋激烈。

(3) 汽车美容行业管理法规制度不健全。从国外的汽车服务市场来看,汽车美容服务已经完全从汽车维修行业中划分出来,成为一个独立行业。而我国目前的行业划分,汽车美容依然附属于汽车维修,而且经营项目也并未与汽车维修有所区分。要使汽车美容服务更加专业而全面,就必须将汽车美容从汽车维修中分离出来,进行专项管理。

(4) 从业人员素质低,专业化人才不足。通过汽车美容市场的调研发现,目前汽车美容市场上的从业人员基本上都是学徒工,从业人员素质低、专业化人才匮乏制约了汽车美容业的发展。

(5) 综合管理水平差,市场混乱。由于进入门槛低、利润可观,中国的汽车美容店大部分是街边小店,店长兼洗车员的情况也有不少,服务粗劣、秩序混乱,市场上相继出现了一些东拼西凑起来的汽车美容用品,这些杂牌以巧妙的伪装和华丽的广告宣传,打着进口专业品牌的旗号,用一些假冒伪劣产品来坑骗广大用户。许多汽车美容店是"无专业正规培训""无专业名牌产品""无专业机械设备""无服务质量保证"的四无状况。

2. 汽车美容行业的市场前景

(1) 汽车保有量的增加促进美容行业的发展。2012年,我国私人汽车保有量已突破2 500万辆,我国正在逐渐成为轿车消费大国。根据国际汽车发展的规律,车价只是用车费用的25%,汽车后市场占到70%,而美容养护占30%以上,所以汽车美容市场增长空间很大。

(2) 汽车美容观念的普及促进汽车美容行业的发展。一些调查表明,我国60%以上的私人高档汽车车主有给汽车做外部美容养护的习惯;30%以上的私人低档车车主也开始形成了给汽车做美容养护的观念;30%以上的公用高档汽车也定时进行外部美容养护。据专家估算,一部价值10万元左右的车一般要用10年,按每年行程2万~3万km计算,每年的养护费用在4 000元以上,其中高档车的有关费用还会更高,以我国汽车拥有量为3 000万辆计算,则汽车的美容与装饰行业前景异常广阔。

(3) 二手车的飞速发展促进汽车美容行业的发展。经济的发展促进汽车的更新频率加快,使二手车市场异常火爆,二手车的销售也给汽车的美容行业注入了新的元素。

(4) 需求大促进汽车美容行业的发展。我国汽车美容行业起步比较晚,一些调查显示,国内汽车美容企业不到3万家,而我国现有汽车修理企业多达20万家。也就是说,从事汽车美容的企业在数量上不到汽车维修企业的5%,而发达国家超过50%,所以我国汽车美容行业的发展空间还非常大。

第二节 汽车美容护理用品

汽车美容护理用品是根据汽车美容护理作业的需要研制开发的清洁、护理、修补等用品的总称，是实施汽车美容护理的基础。

一、车蜡

车蜡是用来保护漆面，同时又起到美观用途的一种汽车美容护理用品。

1. 车蜡的分类

车蜡的主要成分是聚乙烯乳液或硅酮类高分子化合物，并含有油脂成分。但由于车蜡中含的添加成分不同，其物质形态及性能有所区别，进而划分为不同的种类。

（1）按物理状态不同分类。车蜡按其物理状态的不同可分为固体蜡和液体蜡两种。在日常作业中，液体蜡应用相对较广泛，如龟牌蜡、即时抛等。

（2）按生产国别不同分类。车蜡根据不同生产国可分为国产蜡和进口蜡。目前国内汽车美容行业中使用的车蜡，中高档车蜡绝大部分为进口蜡，而低档车蜡里国产蜡占有较大的份额。常见进口车蜡多来自美国、英国、日本、荷兰等，如美国龟博士系列、普乐系列车蜡，英国特使系列车蜡等。国产车蜡最常用的如即时抛等。

（3）按作用不同分类。车蜡按其作用不同，可分为防水蜡、防高温蜡、防静电蜡及防紫外线蜡等。

（4）按功能不同分类。车蜡按其主要功能分为上光蜡和抛光研磨蜡两种。国产上光蜡的主要添加成分为蜂蜡、松节油等，其外观多为白色或乳白色，主要用于喷漆作业中表面上光。国产抛光研磨蜡主要添加成分为地蜡、硅藻土、氧化铝、矿物油及乳化剂等，颜色有浅灰色、灰色、乳黄色及黄褐色等，主要用于浅划痕处理及漆膜的磨平作业，以清除浅划痕、橘纹、填平细小针孔等。各种常用车蜡如图4-4-2所示。

固体蜡	龟牌硬壳防水全效蜡

图 4-4-2　各种常用车蜡

2．车蜡的功用

（1）防水作用。汽车属于室外用品，经常暴露在空气中，容易受风吹雨淋，从而可能被侵蚀。车蜡可以在车漆与大气之间形成保护层，降低汽车车身遭受侵蚀的可能性，最大限度地保护漆面。

（2）抗高温作用。车蜡的抗高温作用原理是对来自不同方向的入射光产生有效反射，防止入射光使面漆或底色漆老化变色。

（3）防静电作用。汽车静电的产生主要有两个来源：一是纤维织物，如地毯、座椅、衣物等的摩擦产生的；二是汽车在行驶过程中，空气中的尘埃与车身金属表面相互磨擦产生的。无论是哪种原因产生的静电，都给乘员带来诸多不便，甚至造成伤害。车蜡防静电作用主要体现在防止车表静电上，其作用原理是隔断尘埃与车表金属摩擦。由于涂覆蜡层的厚度及车蜡本身附着能力不同，因此车蜡的防静电作用有一定的差别，一般防静电车蜡在阻断尘埃与漆面磨擦的能力方面优于普通车蜡。

（4）防紫外线作用。车蜡的防紫外线作用与其抗高温作用是并行的。紫外线的特性决定了紫外光较易折射进入漆面，防紫外线车蜡充分地考虑了紫外线的特性，从而可以最大限度地降低对车表的侵害。

(5) 上光美容作用。上光是车蜡最基本的作用，打蜡能改善汽车表面的光亮程度，使车身恢复亮丽本色。

3. 车蜡的选择

各种车蜡性能不同，其作用与效果也不一样，在选用时必须要慎重，选择不当，非但不能保护车体，反而使车漆变色。

一般情况下，给汽车打蜡应根据车蜡的作用特点、车辆的新旧程度、车漆颜色及行驶环境等因素综合考虑。新车最好用彩涂上光蜡以保护车体的光泽和颜色，夏天时则宜选用防紫外线车蜡，行驶环境较差时应用保护作用突出的树酪蜡。普通车辆选用普通的珍珠色或金属漆系列车蜡即可，高档汽车则应选用高档的车蜡，否则对车体有损害。当然，选用车蜡时还必须考虑车蜡与车漆颜色相适应，一般深色车漆选用黑色、红色、绿色系列的车蜡，浅色车漆选用银色、白色、珍珠色系列的车蜡。

二、保护剂

汽车保护剂是指对汽车的内外装饰具有上光、保护之功能的产品。保护剂系列品类较多，一般为皮革、化纤、丝绒、地毯、塑料件、橡胶车裙、保险杠、门窗、轮毂、排气管等。保护剂的使用对汽车保养起重要作用，经常性地使用保护剂对各类饰件、机件进行去污、清洗、上光，能使车内外各饰件达到清洁、美观、亮丽，并能达到防老化、防腐蚀和延长使用寿命之功效。

保护剂种类较多，如皮革保护剂、化纤保护剂、橡胶保护剂、轮胎上光保护剂、防锈保护剂等，常见几种保护剂如图 4-4-3 所示。

图 4-4-3　常见保护剂

皮革保护剂适用于塑料和皮革制品，如汽车座椅、仪表板、方向盘等，能起到上光、软化、抗磨、抗老化等作用。

化纤保护剂适用于化纤制品，如顶棚、车门内侧、座椅外等。由于化纤保护剂含有硅酮树脂，所以在清洁化纤制品的同时，这种聚合物附着在纤维上，还起到抗紫外线、抗腐蚀、抗老化的作用。

橡胶保护剂适用于橡胶和工程塑料制品，如汽车轮胎、橡胶密封件、塑料保险杠、水箱软管等，起到清洁、防紫外线、防氧化及防老化等作用。

轮胎上光保护剂用于轮胎表面，起到清洁、上光、抗老化作用，使用后在轮胎表面形成一层保护膜，有效防止橡胶老化、褪色、裂纹等，使轮胎具有拨水性、耐候性及抗污染性。

防锈保护剂主要用于金属表面，起到防锈、除锈的作用。

三、抛光剂

1. 镜面抛光剂

镜面抛光剂又名漆面研磨剂，用于去除车漆划痕，适用于手工抛光或机械抛光，用于车身漆面的镜面处理和修补喷漆后、漆面抛光前的研磨工序。

2. 玻璃抛光剂

玻璃抛光剂能迅速去除烟渍、交通膜、鸟粪等污物，并能将玻璃上的细小划痕覆盖，恢复玻璃光泽，使用后在玻璃上留下一层超平滑薄膜，有助于减少雨刷的磨损。

3. 金属抛光剂

金属抛光剂是用于金属件表面抛光加工的化学物质，能很好地提高金属表面的粗糙度，且具有很好的防氧化功能，如图 4-4-4 所示。

图 4-4-4　汽车抛光剂

四、除锈、防锈剂

防锈剂能在金属表面形成牢固的吸附膜，以抑制氧及水对金属表面的接触，使金属不致锈蚀。

1．超薄干性膜防锈剂

超薄干性膜防锈剂适用于电气接触、各类金属制品、动力机械部件、紧固件的防锈等。

2．钢铁防锈剂

钢铁防锈剂除锈速度快，能短期防锈，主要适用于 $35\mu m$ 以下的防锈层，适应于各种钢材及各种钢材加工后的工件。

3．透明保护防锈树脂

透明保护防锈树脂适用于汽车门槛、头灯框、车门内部沟槽等部位，用来保护金属制品免于生锈、腐蚀。

4．底盘防锈漆

底盘防锈漆适用于汽车大梁、底盘、整体发动机及机身等各部件的防锈、防水处理。

五、护理保护用品类

1．发动机强力修复保护剂

发动机强力修复保护剂直接加入机油室，确保机油量正常即可。它可迅速在发动机各摩擦表面形成一层坚硬、稳固的保护膜，从而能快速修复和减少发动机的磨损，恢复发动机气缸的密封性，显著提高发动机动力，快速消除或减轻烧机油现象，减少噪声及尾气排放；同时抑制积炭、胶质和油泥的生成，恢复发动机原动力。

2．钢圈亮丽保护漆

钢圈亮丽保护漆是以人造树脂为基础的材料，具有耐磨损、耐腐蚀、耐撞击、耐污垢等特点并可提供持久的保护，喷涂后不会黏着灰尘，适用于铝合金制品的表面、钢圈。

3．塑胶漆

塑胶漆具有硬度高、光泽度高、丰满度高、层间附着力好、易施工等特点，广泛用于汽车塑料底材的产品涂装。

4．燃油系统强力清洗保护剂

燃油系统强力清洗保护剂用于消除进气门、喷油嘴、燃烧室、活塞顶等处的积炭，清洗三元催化器，保持整个油路燃烧系统无积炭，并防止汽油泵生锈。在汽车运行过程中，其自动清洗恢复喷油嘴的畅通,保证燃油正常雾化,消除发动机怠速不稳、加速不良、迟滞、爆震等故障。

5. 发动机漆膜保护剂

发动机漆膜保护剂主要用于发动机及配件表面防护,防止金属漆膜老化及黏污油垢,能保持发动机外观清洁,被广泛用于发动机周围。

6. 水箱超级冷却保护剂

水箱超级冷却保护剂用于防止水箱腐蚀,延长水箱寿命,避免水箱及冷却系统因滋生水垢和锈蚀而发生泄漏。

其他美容护理品还有挡风玻璃水、防雨剂、防霜防雾剂、防冻液等。

第三节 汽车美容技术

汽车美容技术主要包括车表美容、漆面美容、内饰美容、外饰美容、发动机室的清洁与底盘装甲。

一、车表美容

车表美容主要包括车身清洗、车身打蜡、车身封釉及车身镀膜。

1. 车身清洗

汽车在使用过程中,其车身会受到风吹、日晒、雨淋等自然侵蚀,使其表面逐渐沉积灰尘和各类污物。车身清洗对保持车容清洁亮丽、光彩如新,延长汽车使用寿命起着重要的作用,是汽车美容的基础。

在专业的汽车美容项目中,车身清洗的方式主要有3种:一是车身静电去除清洗;二是交通膜的去除清洗;三是除蜡清洗。

为削弱汽车保有量的不断增长带来洗车水资源的巨大浪费,车身清洗技术不断朝节水、环保方向发展。目前的车身清洗技术如下。

(1)电脑洗车,如图4-4-5所示。在手工洗车、高压水枪洗车的清洗方式越来越不能适应社会和消费者需求的情况下,电脑洗车以其全自动化、快捷、高档享受、性能可靠等特点,开始受到消费者的青睐,并且采用水源大循环,比较环保。

(2)蒸汽洗车,如图 4-4-6 所示。水加温成蒸汽,配合专用清洗剂,将"清洗、上光、打蜡"三位一体的效果一次完成。节约水资源是该洗车方式最大的优点,现在国内技术可以做到洗一辆车仅需 1～1.5L 水。

图 4-4-5　电脑洗车

图 4-4-6　蒸汽洗车

(3)无水洗车。无水洗车并不是通过设备、工具来实现的,而是由一系列的产品辅以人工操作来实现无水洗车,实质是一种蜡洗,主要原料是国外进口的天然巴西棕榈蜡。无水洗车针对车漆、玻璃、保险杠、轮胎等不同部位、不同材料使用不同的产品进行保养,可以在清除污垢后对不同的部位实施不同的保养。

(4) 微水洗车。即在高压洗车的基础上，利用微水清洗设备——微水洗车机（图 4-4-7）使水、气分离，泵压和水压和谐匹配，冲击压力不变，合并采用高技术转换出现微水。采用这种方式洗车，连续使用 15min，用水量还不到 1.5L。清洗完汽车之后，在地面几乎看不见水流痕迹。

微水洗车较好地解决了无水洗车和蒸汽洗车洗不干净的问题，很好地节约了水资源，并且清洁、干净、环保，但没有无水洗车那么便捷。

图 4-4-7　微水汽车机

各种洗车技术的比较如表 4-4-1 所示。

表 4-4-1　各种洗车技术的比较

洗车方法	优点	缺点
高压水枪洗车	清洗方便	洁净度一般，有损汽车漆面，车身表面须经常上光打蜡，浪费水资源且污水排放污染环境
循环水清洗	有限地节约了用水量	洁净度不理想，有损汽车漆面，车身表面须经常上光打蜡，有污水产生
泡沫清洗	清洗质量较好	有损汽车漆面，车身表面须经常上光打蜡，浪费水资源且污水排放污染环境
蒸汽清洗	清洗质量较好	有损汽车漆面，车身表面须经常上光打蜡，要场地、需能源，不够方便，价格偏高
微水洗车	清洗质量较好，有限地节约了用水量	有损车漆面，车身表面须经常上光打蜡
机械电脑清洗	清洗速度快且净	有损汽车漆面，车身表面须经常上光打蜡，要场地、需能源，价格也高
无水清洗	清洗速度快且净，保护车漆面，对环境无污染	完全手工操作，工作人员工作量大

2. 车身打蜡

车身打蜡是汽车美容中最常见的基本护理性美容，目的在于增强漆面的防水、防紫外线、防划伤等能力，保持车身漆面永久光亮感、深度感和立体感。打蜡的操作流程主要为清洗、打蜡和抛光。

3. 车身封釉

车身封釉是用柔软羊毛或海绵通过振抛机的高速振动和摩擦，利用釉特有的渗透性和黏附性把釉分子强力渗透到汽车漆表面和缝隙中去。车身封釉后可使车身漆面的硬度得到一定的提高，同时具有防紫外线辐射、防雨雪酸碱的侵蚀、防风沙的吹打、抗高温、密封、增光、耐水洗、抗腐蚀、延缓车漆被氧化造成褪色的作用，另外釉面还可防火、防油污及轻度硬物的刮擦，使车身更新、更亮。车身封釉还为以后的汽车美容、烤漆、翻新奠定了基础。车身封釉是打蜡的替代品，一般车身封釉半年之内可不用打蜡。汽车封釉正规流程如图4-4-8所示。

图4-4-8　汽车封釉正规流程

4．车身镀膜

车身镀膜是指在传统抛光工艺的基础上，使用专用喷枪，将镀膜产品均匀地喷涂在车漆表面，然后用专用海绵采用螺旋式涂抹方法，使液态药液均匀涂附在车身上，最后用纯棉毛巾进行擦拭。对于车身漆面上的"鱼纹"和"划痕"，它拥有优于传统的抛光处理和喷漆处理的修复和保养功能。汽车镀膜后的漆面抗氧化、耐磨损、耐腐蚀、抗高温性更强，且膜层分布更加均匀、细腻，硬度更高，亮度更持久，将车漆变成了一个连续的表面，整体漆面密度增加。

二、漆面美容

汽车漆面在长期的使用中，常处于不同的环境中行驶，使漆面暗淡无光或留下划痕等现象。汽车漆面美容主要是针对漆面失光和漆面划痕的处理，汽车漆面美容如图4-4-9所示。

1．漆面失光处理

漆面失光的原因一般有自然老化导致的失光、浅划痕导致的失光及透镜效应导致的失光。不同的失光原因采用不同的处理方法。较轻微的自然失光或是浅划痕导致的失光，可利用专业的抛光剂进行抛光研磨处理；严重的自然失光或透镜效应失光必须进行修复性美容操作，进行重新涂装翻新施工。

图 4-4-9　汽车漆面美容

2. 车身漆面划痕处理

汽车在使用过程中受到摩擦碰撞等都会造成划痕，不但影响美观还会使漆面加速损坏，所以必须进行处理。车身漆面划痕可以分为发丝划痕、微度划痕、中度划痕、深度划痕及创伤划痕。其中深度划痕及创伤划痕属于修复性划痕，需进行汽车修补喷涂。发丝划痕、微度划痕和中度划痕可根据情况采用研磨及喷涂的方法。

三、内饰美容

随着汽车业的发展，人们对车室内的装饰要求也越来越高，车室内真皮丝绒座椅、顶棚、仪表板、地毯、脚垫、门板等皮、塑、橡胶、纤维物件，长期使用极易藏污纳垢，不但令人生厌，还会使细菌滋生和产生异味，影响使用者的身心健康。

内饰美容如图 4-4-10 所示，具体操作分为 3 步。

(1) 内饰清洗。专业的内饰清洗应采用天然清洁剂，辅以柔软的毛刷和超细纤维毛巾（需不掉毛、不褪色的毛巾），自上而下对内饰进行清洗。

(2) 内饰桑拿。内饰的桑拿主要是杀菌、消毒、去除车内异味，是内饰美容中必不可少的一环。专业的桑拿必须借助于专业桑拿液的杀菌消毒功能来进行杀菌消毒，同时桑拿液可加速异味的挥发，铲除产生异味的根源——霉菌，使车内空气更加清新自然。

(3) 上光保护。清洗剂在洗掉内饰污垢的同时，也会把一些有益内饰的成分洗掉，如真皮中的胶原蛋白、维生素C及各种活性分子，塑料中的树脂增光剂等，因此在做完内饰清洗和内饰桑拿之后有必要对汽车内饰进行专业的上光和保护。

图 4-4-10　内饰美容

四、外饰美容

外饰美容主要是针对挡风玻璃、车窗玻璃、后视镜、车灯、轮毂、保险杠与饰板等。具体作业项目有玻璃的清洁与抛光、车灯的清洁与抛光、后视镜的清洁与护理、轮毂与轮罩的清洁与护理、保险杠及饰板等作业。

汽车贴膜是对汽车玻璃进行美容装饰的一种汽车美容项目，如图 4-4-11 所示。在车辆前后挡风玻璃、侧窗玻璃及天窗上贴上一层薄膜状物体，用于阻挡紫外线，可以减少车内物品及人员因紫外线照射造成的损伤，阻隔部分热量及防止玻璃突然爆裂导致的伤人等情况发生，同时根据太阳膜的单向透视性能，达到保护个人隐私的目的。此外，其在某些层面还可达到节省燃油消耗的功效。

总体来说，汽车玻璃贴膜有 7 大好处。

（1）隔热防晒。贴膜能很好地阻隔红外线产生的大量热量。

（2）隔紫外线。紫外线中的中波、长波能穿透很厚的玻璃，贴上隔热膜能隔断 99% 的紫外线，防止皮肤受伤害，也能减轻汽车内饰老化。例如，3M 的晶锐 70 前挡膜能隔断 99.9% 紫外线，相当于防晒霜 SPF40 的 56 倍。

（3）安全与防爆。膜的基层为聚酯膜，有非常耐撕拉、防击穿的功能，能防止玻璃意外破碎对司乘人员造成二次伤害。

（4）营造私密空间。贴膜后，车外看不清车内，保留隐私和安全。

（5）降低空调能耗。贴上隔热膜可以使空调制冷能力损失得到些弥补，能一定程度上防止车内温度过高，达到一定程度的节省油耗、降低空调能耗的目的。

（6）提升美观度。根据个人喜好，通过贴膜能个性化美观爱车。

（7）防眩光。贴膜能保持眼睛舒适，降低因为眩光因素造成的意外情况发生率。

第四章 汽车美容

图 4-4-11　汽车贴膜

五、发动机室的清洁与底盘装甲

1．发动机室的清洁

发动机是汽车心脏，是全车的关键部分。发动机长期使用会沾染许多灰尘、泥土，容易吸收水分和油性物质，其黏附在发动机表面，影响发动机的美观，如不及时清除，还会对发动机的某些部件产生腐蚀作用，导致发动机故障产生。对于发动机室的清洁，主要有3个方面：一是油污清除；二是锈渍处理；三是发动机电器部分的清洗。

2．底盘装甲

底盘装甲一方面可以防止底盘锈蚀，另一方面可以防石击、防震、隔热、隔音、降噪。给底盘装甲时，应先清洗，然后遮挡非施工区域，拆下汽车车轮，喷涂基础层。为提高隔音、防水、防腐和防撞的效果，正规汽车养护店会进行二次喷涂处理。

第五章　汽车不良文化

现代化进程会伴生各种"异化"现象,"汽车社会"也不例外。如何防止如马克思所指出的,"技术的胜利"导致"物质力量具有理智生命,而人的生命则化为愚钝的物质力量"呢?这就需要弘扬人文精神,营造良好的汽车文化,"以文化人",倡导大家文明驾驭汽车。建设良好的汽车文化的内容,就是尽力阻止汽车沦为一种"炫富"的工具,不让"路怒症"蔓延,让遵纪守法成为自觉和习惯。

随着汽车数量膨胀而来的是诸多矛盾:汽车尾气成为城市主要的空气污染源;许多城市包括一些中小城市,车堵为患日益严重,且事故频频发生……重视和努力解决这些问题固然重要,建设"良好"的汽车文化也是当务之急。

第一节　汽车与环境污染

一辆汽车从生产到报废的全过程中,每一个环节都涉及环境问题,至少包括以下几大项。

(1) 汽油、柴油或其他汽车燃料涉及的原油开采、原油运输、油品加工、成品油运输等过程涉及的有害气体排放、水污染、土壤污染、空气污染等。

(2) 汽车使用材料,如钢铁、塑料、玻璃、橡胶等在开采、制造过程中涉及的有害气体排放、污水排放、土壤污染等。

(3) 汽车生产过程中,如零部件制造加工、汽车组装、汽车表面涂装等过程涉及的有害气体排放、水体污染、土壤污染等。

(4) 汽车在使用过程中产生的有害气体排放、噪声污染等。

(5) 报废汽车处理及回收过程中涉及的有害气体排放、水污染、土壤污染等,如图4-5-1所示。

图4-5-1　报废汽车

一、汽车排放污染

汽车造成的污染除了交通扬尘外，主要是尾气排放污染（图 4-5-2）。发动机燃烧后，排放的主要污染物包括 HC、NO_x、CO 和细微颗粒物。汽车排放污染物除通过排气管排放外，还有极少一部分污染物通过曲轴窜气和蒸发这两条途径排出。据有关部门测定，由气缸窜气经曲轴箱通风管路排入大气的 HC 占逸出总量的 25%，经油箱和化油器蒸发的 HC 占逸出总量的 20%，而 CO 和 NO_x 则大部分通过排气管进入大气。据测定，大气中所含 75% 的 CO、50% 的 HC 和 NO_x 源于汽车的排放。

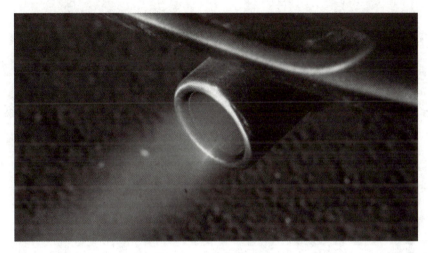

图 4-5-2　汽车尾气排放

汽车尾气更接近地面，也更接近经常在市区活动的人群，因此对我们的健康有更大的危害。汽车尾气中细小的颗粒物可进入人类的呼吸道，附着在肺壁上能引起呼吸系统疾病，损坏肺部，使已有的呼吸及心血管问题恶化；当颗粒有毒时，可能导致癌症；还可刺激皮肤和眼睛，造成皮炎、眼结膜炎。夏秋时节，汽车尾气在一定的温度、湿度条件下，经过强烈的阳光照射，还可形成光化学烟雾，会对人的眼、鼻、气管等造成伤害，甚至引发支气管炎、肺癌等。

1943 年美国洛杉矶汽车废气事件，一天内曾使几千人受害，造成震惊全球的悲剧。1995 年 6 月在我国上海的外滩，过高的汽车排放污染物已导致了光化学烟雾事件。虽然我国汽车拥有量并不很高，但目前许多城市的生态环境仍受到汽车排放污染的严重威胁，主要原因是我国的单车排污量是发达国家的 20～30 倍。据北京环保部门的测定：夏季 67% 的市区大气污染和冬季 30% 的市区大气污染是由汽车造成的。目前，许多城市呈现汽车尾气与煤烟污染、炊烟污染并存的混合污染态势，形势相当严峻。

二、温室效应

大气中的主要温室效应气体是二氧化碳和水蒸气。它们能吸收地球表面的红外线辐射，并以长波辐射的形式将一部分能量返回，使地面实际损失的能量比其长波辐射放出的能量要少，如图4-5-3所示。科研工作者发现，汽车尾气排放物产生的化学反应造成了近地臭氧水平过高。无数辆行驶在大街小巷的汽车在大量排放有害尾气的同时，也是惊人的活动散热器，它们和空调、冰箱等制冷电器一起不停地吞能吐热，使城市的"体温"不断升高。如果大气中二氧化碳的浓度增加一倍，温室效应将造成地球气温上升1.5～4.5℃，飓风的能量将增加5%。地球温度的升高还将导致两极冰川融化及海水膨胀，海平面随之升高，许多地区将会被淹没，生态环境将遭到严重破坏。国家环保部的一项报告说，在中国的大雾大气中，汽油造成的污染占79%。

图4-5-3　温室效应原理图

三、噪声污染

噪声被称为城市新公害。统计显示，汽车所产生的噪声甚至已经占到了城市噪声的85%。汽车行驶在道路上时，内燃机、喇叭、轮胎等都会产生大量噪声，严重影响人的身心健康。道路交通噪声与车辆类型、道路条件、汽车行驶状态、交通流量等密切相关。目前，道路交通噪声已经成为城市环境污染治理的重要课题。

科学家们认为40dB是正常的环境声音，在此以上就是有害的噪声。一般来说，40dB的连续噪声可使10%的人受到影响，70dB可影响50%；而突发噪声在40dB时，可使10%的人惊醒，到60dB时，可使70%的人惊醒。长期干扰睡眠会造成失眠、疲劳无力、记忆力衰退，以至于产生神经衰弱症等。在高噪声环境里，该病的发病率可达60%以上。

噪声除了损伤听力以外，还会引起其他人身损害。噪声可以引起心绪不宁、心情紧张、心跳加快和血压增高。噪声还会使人的唾液、胃液分泌减少，胃酸降低，从而易患胃溃疡和十二指肠溃疡。不少人认为，在20世纪，生活中的噪声是造成心脏病的原因之一。

第五章 汽车不良文化

在城市中,交通噪声占各种声源的 41% 左右(图 4-5-4)。机动车噪声有发动机的振动声、汽笛声、进排气声、喇叭声、轮胎与地面的摩擦声等。机动车低速行驶时,噪声以发动机振动声为主;高速行驶时,轮胎与地面的摩擦声就成为一种主要噪声了。另外,交通噪声是一种不稳态的噪声,它与机动车类型、数量、速度、相互间的距离、道路状况、建筑物等有一定的关系。在距交通干线中心 15m 处测得的噪声结果如下:拖拉机 85～95dB,重型卡车 80～90dB,中型卡车 70～85dB,摩托车 75～85dB,轿车 65～75dB。车速加倍,交通噪声平均增加 7～9dB。

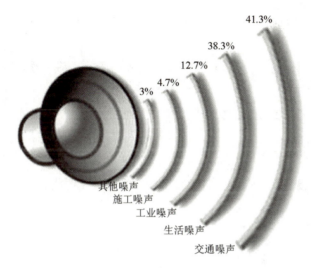

图 4-5-4　各种噪声所占比例

法国持续发展部国务部长萨伊菲指出:"汽车对环保造成的最大危害之一是噪声污染,这一问题必须引起特殊关注。"法国国家经济统计局曾经的一份报告显示,在 5 万居民以上的城镇中,至少有 54% 的人声称在家里都能感受到噪声污染,其中 80% 的噪声来自汽车。此外,汽车还带来大气污染,对人类健康的危害也不容忽视。

四、其他污染

在汽车从生产、使用到废弃的全过程中,还会对人和环境造成其他一些危害。摩擦衬片中的石棉是致癌物质,磨损后形成石棉尘浮游在空气中,是城市肺癌增加的主要原因之一。汽油中的苯和芳香烃具有较强的挥发性,长期接触会造成皮肤化脓、呼吸道感染和败血症。

空调器中的氟利昂会使大气臭氧层产生"空洞",一方面会加剧温室效应,另一方面使紫外线辐射增加,不仅破坏地球生态环境,也增加了皮肤癌的发病率。汽车的铅蓄电池平均质量 11kg,其中含铅 6.2kg,仅汽车蓄电池用铅就占世界铅需求量的 54.8%,而铅的生产过程和废弃均会对环境造成严重污染。废旧汽车的随意处理也会给环境带来很大的危害。

五、与汽车有关的环境政策

为了控制汽车对环境的危害,各国都制定了相关的政策法规加以限制,具体可以分为以下几类。

1. 税收政策

西方国家与环保相关的针对机动车的税收主要有机动车燃料税和机动车相关税两类。

1) 机动车燃料税

由于缺乏价格弹性及税基较大,机动车燃料的税负通常比其他商品要重。目前开征的税种有:

(1) 消费税或增值税。西方国家除英国和澳大利亚外,都对燃油开征该税,但各国的平均税率不同,如日本为 3%,卢森堡为 6%,丹麦为 22%,瑞典为 25%。按机动车燃料的种类不同,也适用不同的税率,如希腊对汽油按 36% 征税,对柴油只按 8% 征税。

(2) 地方消费税。在美国、加拿大等联邦制国家,地方政府拥有独立的征税权。美国州一级的消费税税率往往高于联邦的消费税税率。一般来讲,地方消费税税率也对汽油适用高税率,对柴油适用低税率,原因是农业和工业用机动车要消费更多的柴油。

2) 机动车相关税

这类税种主要有:

(1) 新车销售税。该税通常比其他商品适用更高税率。英国除按 17.5% 的税率增收税外,还对新车征收 10% 的新车销售税。美国的特别机动车税以超标准耗费燃料的新车销售为征税对象。

(2) 年续展金。这种费用通常以年注册费或机动车使用费等形式征收,根据车的类型及对环境的影响收取费用。在许多西方国家,对无公害的机动车实行优惠税率。另外,为保护环境,许多国家根据气缸容量和燃料耗费的不同,对机动车实行不同的税率征收标准。

西方国家的道路交通类环境税对我国有一定的启示。燃油税的开征具有较强的合理性和科学性,对减少机动车排放污染也具有一定的作用。但在我国,讨论以燃油税取代养路费、过路过桥费和公路运输管理费时(一税代四费),由于农用车市场阻力太大(农用车不上高等级公路),因而未能通过。尽管如此,燃油税的开征仍将是汽车业税费改革的主要方向。我国经过多年的讨论酝酿,终于在 2008 年正式征收燃油税。

2. 汽车排放控制政策

控制汽车排放的污染物是由美国加利福尼亚州的洛杉矶地区最先提出的,该地区早在 20 世纪 40 年代就出现了著名的"洛杉矶光化学烟雾事件"。加利福尼亚州于 1960 年立法控制汽车排放的污染物,随后在美国各联邦中推广。日本于 1966 年开始、欧洲于 1970 年开始,相继制定了汽车污染排放物的法规。这些法规和标准逐年加重,控制的污染物也更加全面,由最初的 CO、HC、NO_x 和烟炭,扩展到排气中的微粒物,燃料中的铅、硫、苯和芳香烃,以及排放的 CO 总量、空调器用的氟利昂和汽车摩擦材料用的石棉。排放标准除对每种新车型进行认证外,汽车厂家还要在规定的耐久行驶程长内对汽车的排放质量负责。

美、日、欧的汽车排放法规是当今世界 3 个主要体系。许多国家不同程度地采用这些法规和标准,其中以美国的排放标准最为严格。就汽油发动机的轿车而言,如今美国的排放法规规定的 CO、HC 和 NO_2 的最大值分别仅是未控制前的 4%、4% 和 24%。轿车之外的其他车辆,各国的排放限值都比较宽松。

3. 其他政策

(1) 其他汽车污染控制政策主要包括噪声控制政策和废旧汽车回收政策,各国都制定了交通噪声控制标准,德国、日本等发达国家还对废旧汽车回收有较严格的立法。

除此之外,各国还根据自己的实际情况制定了一些特殊政策和法规。

以美国为例,美国的联邦机动车法规除包括机动车安全法规和环境保护法规外,还包括燃料经济性标准法规。该标准规定,不论汽车公司生产何档次的汽车,其平均油耗都必须符合该法规。该法规的实施,已成为推动轿车技术进步的有效杠杆,并对促进汽车公司努力开发低油耗的车或新能源车起了重要作用。

由于人口过于稠密,为保护环境,新加坡政府运用各种财政政策限制私人拥有汽车。发展公共交通,形成了独特的"新加坡模式"。

(2) 积极研制开发和推广使用"绿色"交通工具。

绿色汽车首先要求其使用的能源符合低污染和低排放的原则,如天然气、甲醇、乙醇、电、液氢和太阳能等。绿色汽车还要求绿色设计,即在产品开发设计过程中,每一个环节都要充分考虑到环境效益,尽量减少对环境的破坏。

汽车的绿色设计包括尽量减少能量消耗,提高能源使用效率,使用新材料和新结构以降低物质消耗,便于零部件的回收利用,减少城市空间占用,提高交通通行率等。绿色设计不仅对汽车的生产技术有更高的要求,而且对造型设计提出了许多全新课题。

在汽车的绿色设计方面,欧洲国家走在世界的最前列。德国的奔驰公司提出了对汽车生命周期的回收概念,即从汽车的设计开始,就注重汽车的可回收性,生产和使用过程中产生的废弃物、废能和废液等全部回收。到汽车报废时,汽车拆解回收。瑞典的沃尔沃公司则在瑞典环境研究所联合开发了一种 EPS 系统,该系统包含汽车的各种选用材料、燃料从提炼、制造、使用到废弃全过程给自然环境带来的影响数据(环境指数),这样,根据汽车的制造材料,就可以很容易地算出每种汽车的环境负荷,以设计出最优的生态汽车。

此外,作为确认报废汽车是否得到妥善处理的监控制度的一个环节,汽车行业还启用了"报废汽车管理单"(电子清单),以防止非法弃置或不当处理行为发生。同时,还开发粉碎渣的热能再利用技术,与循环利用行业一起共同努力减少填埋处理量。另外,还与汽车经销商携手合作,开展废旧保险杠的回收、氟利昂的回收和销毁等工作。

六、我国减低汽车对环境危害的措施

既要为家用汽车找到较大的消费市场并缩短其导入期,又要弱化其对交通和环境的负面影响,为此,我国采取了一系列综合对策。

(1) 加大对汽车节能和环保技术的投入力度,汽车的制造应将产品的质量、性能价格比和对环境的保护放在同等重要的地位。

国家通过不断提高汽车排放限制标准,迫使各个汽车厂家通过采用高效率发动机、电子喷射系统和三效催化转化装置等措施,努力降低现有产品尾气中的有害气体含量。例如,上海大众 POLO 1.6L 和帕萨特 2.8L 都已达到欧Ⅵ标准。也就是说,在相同的行驶环境中,4 辆帕萨特 2.8L 轿车排出尾气的危害,仅相当于一辆欧Ⅱ标准的轿车。

(2) 加快大城市快速大容量轨道交通和地面准快速公共汽车交通建设,使地面公交专用线成网并优先通过平面叉口,提高其吸引力并形成转移效应。

(3) 强化城市总体规划、控制性规划的法律效力,调整、优化土地的利用结构和重要交通吸引点的布局,加快发展边缘集团如卫星城市,既要为人口、功能活动向外疏散创造有利条件,又要削弱无效交通量。

(4) 按效率为主,兼顾公平的原则,对道路交通资源的存量和增量进行合理分配,使多种有效交通方式均衡适度发展,以实现安全、有序、高效、经济和生态化的综合发展目标。

(5) 汽车与能源可持续发展,大力发展新能源汽车。

由于各国能源的资源结构和供应结构不同,因此,在开发代用能源时,必须充分考虑到不同国家的国情,即汽车代用燃料必须与各国能源结构相适应。如巴西,充分利用其盛产甘蔗的优势,用甘蔗渣生产乙醇,所以巴西发展的汽车代用燃料为乙醇。而美国、墨西哥和澳大利亚由于天然气资源丰富,其发展的代用燃料为压缩天然气。

而我国的能源结构中,煤炭和天然气资源比较丰富,因此我国的汽车代用燃料往往从这方面入手。天然气汽车技术目前已比较成熟,用现有汽车改装成天然气汽车容易实现,费用也较低(改装一辆中型载货车费用约需 1 万元),其尾气排放与汽油车相比,不含硫,CO 减少 97%,HC 减少 72%,NO_2 减少 39%。

由于汽车发展技术的延续性和继承性很强,还应继续加强对传统汽车的研究与开发。在独立开发符合我国国情的代用燃料的同时,应与国外进行广泛的接触与交流,有的项目要寻求合适的伙伴,走联合和合作的开发道路,以加速这些领域的步伐,推动实用化进程,并以此形成我国汽车工业的新经济增长点,为可持续发展总体战略的实现打下基础。

(6) 减小汽车报废后的二次污染。

汽车在报废之后,往往容易造成严重的"二次污染",因此,汽车在生产之时,就应尽量采用可循环、可回收的材料,让汽车在淘汰时少留一点"后遗症"。例如,采用搪塑工艺制成的仪表盘、软泡沫针织面料的车顶内饰、针织面料的座椅等,不仅可以回收再利用,而且不会散发出任何刺鼻味道。

第二节 其他问题

一、警惕汽车被畸形观念驾驭

自 19 世纪末人类发明汽车以来，汽车在 100 多年的发展里极大地改变了我们的工作和生活方式，带来了便捷和高效率。尽管"汽车社会"存在这样那样的问题，但我们不可能消灭汽车。据说"为了响应'无车日'活动"，陈光标曾在南京砸毁一辆 6.0L 排气量的"大奔"，并且呼吁将汽油价格提高 50%，大幅提高停车费和上牌费……他夸张的做法和主张，对于那些对"无车日"无动于衷的人，也许可起一点"警醒"作用，但也仅此而已。最近 10 年中国汽车保有量之所以急剧增加，主要的原因之一就是中等收入群体持续扩大，促使消费结构发生了很大变化——由"衣食"型转向"住行"型。这种趋势是不可逆转的。

然而，问题的产生、存在及其严重性是不能被忽视的。现代化进程会伴随各种"异化"现象，"汽车社会"也不例外。如何防止如马克思所指出的，"技术的胜利"导致"物质力量具有理智生命，而人的生命则化为愚钝的物质力量"呢？这就需要弘扬人文精神，营造良好的汽车文化，"以文化人"，倡导大家文明驾驶汽车。

强调"良好"的汽车文化，是因为多年来各种汽车广告总在灌输"不良"的汽车文化，用华丽的辞藻、夸张的影像，作"炫富"之类的诱惑。

汽车本是一种交通工具，但被附加了社会属性。西方马克思主义者列斐伏尔将汽车作为消费社会的典型进行批判。他指出，汽车是消费社会中性感、冒险的玩物，越来越成为一种身份象征，代表奢华、舒适、权力……这种"炫富"心理和其他炫耀心理，很容易把汽车变成一些人自我膨胀的符号，变为地位、财富、权势的符号，拼命想借驾驶"豪车"获得别人的关注和仰视，进而滋生出毫不掩饰的失控情绪。不少交通摩擦和事故的发生，这是一个重要原因；某些官员、新富之所以敢于无视交通法规，在造成事故后还口出狂言甚至行凶，多半是这样的"炫富"心理在作祟。建设良好的汽车文化，一定要警惕和防止汽车被畸形观念驾驭、充当畸形观念的载体。

二、不要让"路怒症"蔓延

保证汽车行驶安全和道路畅通的一大前提，是不能带着情绪开车。但据《中国青年报》的一项调查，在 2 023 名受访者中有 86.5% 说自己身边有很多"路怒族"，23.4% 的人承认自己就是"路怒族"。试想，当这些"路怒族"开着汽车行驶在道路上时，情况会怎样？违章行驶、随意抢道变道、闯红灯和斑马线等就会变得见怪不怪。"变一次道，玩一次命。"这是国外高速公路上提醒驾驶员"谨慎变道"的一条标语。但在上海，违法变道和争路抢道行为造成的交通事故，占了全部交通事故中的三成多。在马路上经常可以看到，在一些不允许变道的路段，某些"路怒族"常常怒不可遏，踩着油门互相钻空当，上演"变道攻防战"。

 第四篇　汽车多元文化

在美国和加拿大，同在上班高峰时间，在路上"爬行"1个多小时，沿途汽车前后衔接、左右并肩，密密麻麻，竟然没有一个人按喇叭，更没有插当、加塞的。开车急吼吼、开赌气车，从一个侧面反映了人们急功近利的心态和浮躁的情绪，这种"传染病"正在向我们社会生活的许多领域蔓延。我们需要耐心和谦让，在节奏越来越快、烦心事多多的生活中保持淡定。

三、让遵纪守法成为自觉和习惯

汽车行驶在公共空间，因此人人都要遵守交通法规。开车人的素质不仅仅是私德，更涉及社会公德。我们城市中的交通警察，还有交通协管员的数量比世界上任何一个国家都多，为什么交通秩序还是治理不好呢？原因就在于交通法规对许多人来说，只是一种外在的强制，而没有成为内在的自觉。这当然需要一个过程，但通过教育、管理、示范、引导和必要的惩处手段，可以缩短这一过程。只有当大多数驾驶员将交通法规内化为自觉和习惯时，才会形成文明的交通秩序。

第五篇

职业素养

跋

第一章 工匠精神

　　工匠精神，是指工匠对自己的产品精雕细琢、精益求精，追求完美和极致的精神理念。工匠们喜欢不断雕琢自己的产品，不断改善自己的工艺，享受着产品在双手中升华的过程。工匠精神的目标是打造本行业最优质的产品，以及其他同行无法匹敌的卓越产品。概括起来，工匠精神就是追求卓越的创造精神、精益求精的品质精神及用户至上的服务精神。

　　当今社会心浮气躁，追求"短、平、快"（投资少、周期短、见效快）带来的即时利益，从而忽略了产品的品质。因此企业更需要工匠精神，才能在长期的竞争中获得成功。当其他企业热衷于"圈钱、做死某款产品，再出新品、再圈钱"的循环时，坚持工匠精神的企业，依靠信念、信仰，不断改进、完善产品，最终，通过高标准要求历练之后，成为众多用户的骄傲，无论成功与否，这个过程，他们的精神是完完全全的享受，是脱俗的，也是正面积极的。

第一节　工匠精神的内涵

　　"工匠"，从字面来看，就是工人、匠人的意思，词典上的解释就是手艺工人。所谓"工匠精神"，是指工匠对自己做的产品精雕细琢、精益求精，不断追求完美和极致的精神理念。工匠精神的内涵包括精益求精、持之以恒、职业敬畏、创新求变。从本质上讲，工匠精神是一种职业精神，是职业道德、职业能力、职业品质的体现，是践行社会主义核心价值观、弘扬劳模精神、劳动精神的具体实践。工匠精神的内涵应包括以下几个方面。

一、精益求精、完美极致的品质追求

　　精益求精是工匠精神最为称赞之处。完美极致是匠人的追求，没有最好，只有更好。匠人们为了把品质从99%提高到99.99%，不惜花费大量的时间和精力，对每件产品、每道工序都凝神聚力，将产品和服务的每个细节都尽可能做到完美和极致，无论是使用的材料、设计还是生产流程，都不断完善，给客户无可挑剔的体验。从日本轻工业产品、德国精密机床和仪器，到瑞士手表，我们都看到了这种追求极致的精神，这种精神能够赢得市场口碑，能够令消费者为这种极致产品支付更高的价格。

　　近些年，从日用消费品到汽车、机器等大宗商品，人们越来越重视"品牌"。百年老店、名牌手袋皮包、瑞士手表、德国汽车等，一直被消费者津津乐道。就连我们厨房里煎炒烹炸

的不锈钢锅，很多家庭主妇也要提及"双立人"或者"WMF"等品牌。不夸张地说，这些品牌的价值不仅仅是功能、设计、材质这些字眼就可以概括的，它凝聚着匠人们的煞费苦心、百折不挠、世代传承、精益求精。但凡基业长青的企业，无不是精益求精才能获得成功。

二、不断精进、技艺精湛的职业技能

精业，就是要精通自己所从事的职业，不断精进，技艺精湛。精业，就是精通业务，熟悉本职，对业务能熟练自如。

在《大国工匠》电视片中中车青岛四方机车车辆股份有限公司车辆钳工高级技师宁允展从"和谐号"到"复兴号"，长期从事高速动车组转向架的研磨和装配工作，也是第一位从事转向架"定位臂"研磨的技术工人。作为高速动车组九大关键技术之一，转向架直接关系到高铁的运行安全和乘坐舒适性，定位臂则是转向架上连接车轮的核心部位。为了保证安全可靠，定位臂和车轮对节点必须"严丝合缝"，而这要靠手工研磨来实现。定位臂经过机器粗加工后，留给手工研磨的空间只有 0.05mm 左右，相当于一根细头发丝的粗细，磨少了，精度达不到要求，磨多了，动辄十几万元的部件可能报废。通过反复摸索和试验，宁允展钻研出了一套研磨方法，将研磨效率提高了 1 倍多，也极大提高了研磨精度，有效保障了高速动车组转向架的高质量制造。0.1mm 的时候，国内大概有十几个人能干。到了 0.05mm，别人都干不了了，就只有他能干。宁允展说："工匠就是要凭实力干活，凭手艺吃饭，想办法把活干好。"宁允展还自学了电焊、机加工、计算机绘图等多项技能，全面的技能加上好学钻研的劲头，使宁允展主持的课题频频获得优秀攻关课题和技术革新课题奖项并被广泛推广应用，如动车组排风消音器、动车攻丝引头工装、动车定位臂螺纹引头定位工装……他发明的工装和先进操作法，每年为企业创效节约近 300 万元。

三、严谨细致、执着专注的工作作风

工匠做事严谨细致，一丝不苟，对产品采取严格的检测标准，确保每个部件的质量，不达要求绝不轻易交货。

德国人的严谨，世界闻名，这可以从一个小小螺丝钉看出来。"飞机安装环节要求非常严格，假如有 6 个螺孔，那么技师就只能拿到 6 个螺丝钉；如果掉了一个螺丝钉，必须要找出来，"德国海里派克直升机责任有限公司首席执行官柳青说，"在飞机制造行业，工程人员需要非常严谨。如果一个螺丝钉不小心丢了，很可能会留下严重的安全隐患。"这一枚小小的螺丝钉，折射出了德国制造业严谨的工作作风。

工匠做事坚守初心、执着专注，甘于为一项技艺的传承和发展奉献毕生才智和精力，认准自己的目标绝不轻易妥协和放弃，越是重复和枯燥的工作越能磨练意志和耐心，执着一生、坚守一生。《庄子》中记载的"庖丁解牛"、《核舟记》中记载的奇巧人王叔远等大抵如此。工匠们心无旁骛，沉浸在自己的事业之中，专注于自己作品的精雕细琢。

陈钟盛将个人的价值融入航天事业，从焊接门外汉变为技艺精湛的焊接专家，靠的就是执着的信念。他钻研铸铁冷焊技术，先后研制出9种焊条，填补了我国在这个领域的空白，成功解决了焊接中许多重大技术难题，为国家创造了巨大的经济效益。他对国家的贡献得到了党和国家领导人的重视，曾经两次参加国宴。他说，一个人不管做什么事情都要有恒心，要有干就干好、干完全、干彻底的信念，不被任何的艰难险阻吓倒。国家的需要就是最高需要，航天的需求就是最高需求。

专注是德国工匠精神的核心内容之一。在全球知名企业中，除了人们耳熟能详的奔驰、宝马、奥迪、西门子等知名品牌之外，还有普通消费者没有听说过的数以千计的百年中小企业，它们一旦选定行业，就一门心思扎根下去，几十年，甚至上百年不懈追求，在一个细分产品上不断积累优势，在各自领域成为"领头羊"，以求成就大业。它们是"小事大作，小企大业"，不求规模大，但求实力强。创建于1875年的德国路德 – 李格和蒂茨链条有限公司（简称路德公司），因为专注于链条生产而成为行业"领头羊"。这是一个典型的专注型家族企业。100多年来，它们一直专注于链条及其组建制造技术的不断创新。公司在德国的总厂被视为世界上现代化的链条生产基地之一，"路德"（RUD）商标是全球公认的圆环链质量标志。同时，它们在德国和全世界拥有超过500项专利。"最弱的链环却体现着全部链条之品质"。也正是因为专注和一直信奉的路德质量宗旨，它们的产品被广泛应用于起重、吊装、输送（包括矿山）及轮胎保护、雪地和山地领域。

四、爱岗敬业、淡泊名利的职业情怀

用心做一件事情，这种行为来自内心的热爱，喜欢才会投入，热爱才会痴迷。热爱自己所从事的职业，远远胜过这种职业给自己带来的财富。不仅仅把工作当作养家糊口的工具，而且树立起对职业敬畏、对技艺执着、对产品负责的态度，把工作当成一份事业，干一行，爱一行。"习之不如好之，好之不如乐之"，只有热爱自己的职业，才能够全身心投入工作，才能干出成绩，成为"大匠"。

敬业，就是对所从事的职业怀有敬畏之心，视职业为自己的生命。中华民族历来有"敬业乐群""忠于职守"的传统。早在春秋时期，孔子就主张人在一生中始终要"执事敬""事思敬""修己以敬"。"执事敬"是指行事要严肃认真不怠慢；"事思敬"是指临事要专心致志不懈怠；"修己以敬"是指要加强自身修养保持恭敬谦逊的态度。在实际工作中，敬业就是脚踏实地，埋头苦干，不计得失，兢兢业业做好本职工作；我们常说的吃苦耐劳、默默无闻、一丝不苟、精益求精、孜孜不倦、恪尽职守都是对敬业精神的最好提炼。

瑞士军刀曾经有一段时间在我国一个闻名遐迩的小商品产销地区生产，后来由于一些原因，影响了口碑，引起瑞士政府的注意，被立即喊停。此后，瑞士军刀被规定必须在瑞士本土生产。产地的差别，不是做刀的钢材的差别，也不是气候的差别，而是做刀的"人"的区别；是将自己手上的"活儿"看作自己的声誉和生命的"匠人"，和草台班子、多产快销、偷工减料、片面强调产值和利润的"打工者"的区别。

工匠有耐得住工作寂寞，板凳能坐十年冷，经得起职场诱惑，功名利禄不动心，不急功近利、不贪图名利的职业情怀。秉持赤子之心，摒弃浮躁喧嚣，在本职岗位上坐得住、做得好。

五、勇于攻关、赶超时代的创新精神

工匠精神强调执着、坚持、专注甚至是陶醉、痴迷，但绝不等同于因循守旧、拘泥一格的"匠气"，其中包括着追求突破、追求革新的创新内蕴。工匠必须把"匠心"融入生产的每个环节，既要对职业有敬畏、对质量够精准，又要富有追求突破、追求革新的创新活力。事实上，古往今来，热衷于创新和发明的工匠们一直是世界科技进步的重要推动力量。中华人民共和国成立初期，我国涌现出一大批优秀的工匠，如倪志福、郝建秀等，他们为社会主义建设事业做出了突出贡献。改革开放以来，"汉字激光照排系统之父"王选，"中国第一、全球第二的充电电池制造商"王传福，从事高铁研制生产的铁路工人和从事特高压、智能电网研究运行的电力工人等都是工匠精神的优秀传承者，他们让中国创新重新影响了世界。他们凭借丰富的实践经验和不懈的思考进步，带头实现了一项项工艺革新，牵头完成了一系列重大技术攻坚项目。他们是持续改善、勇于创新的推动者。

第二节　工匠精神的意义

当前，我国正处在从工业大国向工业强国迈进的关键时期，培育和弘扬严谨认真、精益求精、追求完美的工匠精神，对于建设制造强国具有重要意义。有些产品我们做不出来，恰恰是因为缺乏用心钻研、勇攀高峰的工匠精神；有些产品我们做出来却没有竞争力，也正是因为缺乏把工作当责任和使命的工匠精神。工匠精神是中国制造要补的"精神之钙"。正是技术从业者们的精益求精、追求完美，铸就了我国制造业的辉煌。

一、党和政府积极倡导工匠精神

当工匠精神成为全社会热议的话题时，它已经超越了企业层面，而提升为中华民族是否需要和培育工匠精神的问题。国家已将工匠精神提高到全社会、全民族的价值导向和时代精神层面上。召唤踏实务实、执着专一、宁静致远的工匠精神，不仅是当下企业改善供给，更好地满足消费需求升级换代的迫切需要，而且是我们从制造大国向制造强国转型的必然选择。

2016年3月5日，国务院总理李克强作《政府工作报告》时首次正式提出"培育精益求精的工匠精神"。在之后的一个月时间内，李克强总理3次强调了工匠精神。2016年4月26日，习近平总书记在知识分子、劳动模范、青年代表的座谈会上发表重要讲话，指出技能是立业之本，人不管天赋如何，只要勤勤恳恳、脚踏实地，都可以有创造价值的机会，

弘扬工匠精神，打磨精品，劳动人民只要敢想敢干，就会用诚实的劳动创造美好的未来。全国总工会、国家网信联合起动"中国梦·大国工匠篇"大型主题宣传，推荐学习"身边的大国工匠"等活动，精心打造"大国工匠"品牌，仅"十一"期间，大国工匠微博话题阅读量就超过了2.8亿次。

2016年10月，教育部关心下一代工作委员会、中华全国总工会宣教部联合主办"大国工匠进校园"活动。12月14日，"工匠精神"入选2016年十大流行语。2017年3月5日，李克强作《政府工作报告》时再次强调：要大力弘扬工匠精神，厚植工匠文化，恪尽职业操守，崇尚精益求精，培育众多"中国工匠"。这是工匠精神第二次被写入国务院政府工作报告。

二、提倡工匠精神是促进我国制造业转型升级的需要

"十三五"时期，我们仍然面临着经济发展方式转型和产业结构升级的重大任务，而要完成这一任务，实现由制造大国到制造强国的转变，实现由中国制造到中国创造的跨越，离不开广大职工的创新和创造，离不开对工匠精神的继承和发扬。

截至2012年，全球寿命超过200年的企业，日本有3 146家，为全球最多；德国有837家，荷兰有222家，法国有196家。为什么这些长寿的企业扎堆出现在这些国家，是一种偶然吗？它们长寿的秘诀是什么呢？它们都在传承着一种精神——工匠精神。

德国企业一直秉持工匠精神，精雕细琢，追求品质完美极致。无论是设计，还是功能，都在同类产品中表现优异。众多代表优秀严谨工业态度和世界最高品质标准的德国品牌行销全球。这些透着贵族气质的工业品，简洁纯粹，精准聚焦，淋漓尽致地展现着德国人一丝不苟的务实作风。它们充分表达了德国人对产品的信仰和尊重，只有如此才能让情感的魅力与工业化美感结合得浑然天成。德国制造业是世界上较具竞争力的制造业之一，这在很大程度上源于德国在已有顶尖工业水平上的工匠精神。近200年来的德国现代化道路，从外部看，是一条技术兴国、制造强国的道路；从内部看，支撑这一道路的是工匠精神。

改革开放以来，中国制造业高速增长、雄冠全球，但高能耗、低技术、低创新、低附加值让中国制造难以真正扬眉吐气。随着劳动力成本的持续上升，中国制造业面临越来越大的压力。小米CEO雷军提出"要在用户看不到的地方做到最好"，而不是一味追求效益最大化。这些都要求企业始终保持精益求精的工匠精神，对产品抱有负责的态度，注重工艺的精致化，坚持做精品。只有这样，"中国制造"才能真正成为"中国创造"。

三、提倡工匠精神是供给侧结构性改革的需要

中国经济步入新常态，"需求侧"投资、出口、消费的三驾马车均显疲态，传统的"需求侧"手段，即财政政策和货币政策，已无法妥善、全面地解决当下的难题。在这样的背景下，中央推进供给侧结构性改革。供给侧结构性改革包括化解产能过剩、降低企业成本等，总结一点就是要提供有效供给。

重振工匠精神是推动供给侧结构性改革的重要着力点。应当看到，当前经济形势严峻，

充满机遇和挑战,要跨越中等收入陷阱,步入现代化发达国家行列,决不可心存侥幸,指望延续以往粗放的拿来主义经济发展模式。必须大力弘扬创新文化和工匠精神,坚定不移地推进供给侧结构性改革,增强企业核心竞争力,从根本上为中国经济高效益、优结构的发展提供动力,实现中国制造向中国创造、中国速度向中国质量、中国产品向中国品牌的突破。

目前,国内消费需求在升级,人民群众渴望更高品质的产品和服务。一方面,传统制造业应当下大气力去产能、去库存、去杠杆,发扬工匠精神的优良传统,制造过硬产品,培育世界品牌;另一方面,推崇制造服务业新理念,将制造与服务紧密联系在一起,是现代制造业发展的新趋向。而推崇制造服务业,就是要采取轻资产模式向"微笑曲线"两端发展,一边是研发,一边是销售的品牌营销,研发应整合国际先进资源,销售同样也需要整合社会资源,如此才能够集中精力把用户体验做到极致。而用户体验是衡量企业是否具有工匠精神的重要标准之一。好的产品,要让消费者在购买、使用、售后服务等整个过程中都能感受到美好的用户体验。追求极致的用户体验应当是现代制造业的终极目标,这也是工匠精神一丝不苟的内在要求。

四、提倡工匠精神是响应"一带一路"倡议,推动中国制造走出去的需要

当前,在中国制造走出去的过程中,一些产品的质量也常常受到诟病。要在竞争中取胜,关键在于提高中国制造的产品质量。只有充分发扬工匠精神,培养大批高素质的大国工匠,才能打造高质量的产品,提高企业的核心竞争力,推动中国制造走出去。

五、提倡工匠精神是满足个性化定制、柔性化生产的需要

李克强总理在 2016 年《政府工作报告》中提到,鼓励企业开展个性化定制、柔性化生产,培育精益求精的工匠精神,增品种、提品质、创品牌。在这里,工匠精神是和个性化定制、柔性化生产并提的。

六、提倡工匠精神是提升劳动者素质的迫切需求

加快"中国制造"向"中国创造"的转变,实现制造大国向制造强国的转型,完成中国经济由低端向中高端的华丽转身,没有秉持工匠精神的广大"工匠"式的高素质的劳动力,没有高素质劳动力的精致生产是不行的。因此,必须大力提升劳动力这个最为关键的生产要素的素质。我们现在是人口大国,但不是人才大国,更不是人才强国。我们有不少农民工干的是苦力活,但也有不少人学有一技之长。正是那些学有一技之长的农民工返乡后创业创新带活了一个村或者一个地区。在他们身上体现的不仅是一技之长,更重要的是勇于开拓的工匠精神。当前中国国防工业、中高端制造业等方面"工匠"人才供给严重不足,高级技术工人非常缺乏。发达国家高级技工占技工的比例为 20%～40%,而我国还不到 4%。

七、提倡工匠精神是国家意志和全民共识的需要

工匠精神不应仅局限于制造业，更应成为全社会的共同价值，成为一种国民精神与文化，无论企业或是个人，都应逐步养成严格自律、精益求精、注重细节的职业精神和素养。

工匠精神作为一种职业精神，是企业员工提升个人精神追求，完善个人职业素养，实现个人成长进步的重要道德指引。尊重员工的价值，启迪员工的智慧，实现员工的发展，不仅是员工个人成长的强烈需求，而且是现代企业的责任和使命。

美国酒店业巨头康拉德·希尔顿年轻时有过在酒店打工的经历。最初，上司安排他打扫卫生，刷马桶是其中的必要环节。康拉德·希尔顿对这份工作不满意，对待工作很懈怠。有一天，一位年龄稍长的女同事见他刷的马桶很不干净，就为他做示范，并告诉他，自己刷完的马桶，是有信心从里面舀水喝的。这件事对年轻的康拉德·希尔顿触动很大。从此他一改对工作的懈怠应付，逐渐树立起踏实认真、一丝不苟的职业精神。后来，康拉德·希尔顿拥有了自己的酒店，并在行业内独树一帜。回顾他的成功之路，不难发现，他年轻时所遭遇到的"喝马桶水"的职业精神教育这一课，是他成长、成才、成功的重要精神财富。事实上，企业员工所具有的高尚职业操守和强烈工匠精神，同拥有较高专业知识技能一样，是其自身立足职场的重要条件和在未来职业生涯中脱颖而出的制胜法宝。

第三节 工匠精神的塑造

培养未来企业生产一线的技术技能型人才，是企业实现高效运作、中国制造实现由大变强的推动力。为适应时代发展的要求，未来的从业者应脚踏实地，潜心钻研，夯实基础，既要掌握知识本领、身怀一技之长，又要积淀职业素养，自觉加强工匠精神的培养。

一、首先从爱开始，培养工匠精神

工匠精神源于哪里？表面上可以理解为认真专注，把产品做到极致，其实更深层次的是源于一个字：爱。工匠的成功离不开对工作的热爱。只有热爱自己的工作，才会专注工作，勤勤恳恳，兢兢业业，敢于担当；才会细致入微，精益求精，追求完美；才会亲力亲为，无私奉献，做出精品。这些都是工匠的优秀品质和宝贵的精神财富。要用工匠亲、勤、细、实的精神，培养爱岗敬业、忠于职守的职业道德。只有热爱，才会对职业心存敬畏、对工作坚定执着。

二、从公共课及专业课中提炼职业素养，培养工匠精神

工匠精神是职业道德的最高境界，是升华。要弘扬和塑造工匠精神，将工匠精神融入思想政治理论课的学习中，结合《毛泽东思想和中国特色社会主义理论体系概论》和《思想

道德修养与法律基础》，以及社会主义核心价值观和建设文化强国提高对工匠精神的认知水平。

工匠精神重在精神，它要求我们不但要有高超的技能，还需要有精益求精、追求极致的精神。因此在学习和练就技能时要严谨、一丝不苟、耐心、专注，在进入企业工作时能更专业、敬业。

三、充分利用专业实习机会，在实践中培养工匠精神

学生在实际的学习工作环境中才能真正体会到工匠精神的本质，同时自觉追求工匠精神。对于培育和塑造学生的工匠精神，专业课教师要在实践教学中渗透工匠精神，在专业实训、见习中塑造工匠精神。专业实践活动中，每一项教育教学活动的设计、组织、实施都要注重细节，追求精益求精，不放过学习过程中的每个环节、每道工序和每个细节，时时处处严格按照操作程序规范操作。

在专业实训、顶岗实习中不能仅仅满足于完成技能任务，要让学生在完成任务的过程中不断磨练技艺、体验，在实践中形成精益求精、精雕细琢、坚持、专注的工匠精神。从中让学生明白工匠精神对于提升学生的专业技能和专业能力水平的重要价值。通过学生的长期练习，使工作要求成为他们的习惯，从中提高工科学生工匠精神的践行能力，实现工匠精神从知向行的转变。

专业技能标准和操作要领标准。这两个标准体系要细化，要有针对性、可操作性。用工匠标准养成工匠习惯，再把工匠习惯升华为工匠精神。

进行项目化教学和实训中，每一项任务也要提出具体的操作规范；要有具备"双师型"、专业本领过硬、具有工匠型的教师队伍；在提升专业技能的同时，要加强对精湛技艺追求精神的培养，从老师、企业师傅的身上感受严肃认真的工作态度和精益求精的治学精神。

培养工匠精神，还需要真实的工作环境和企业文化熏陶。要充分利用到企业顶岗实习的机会，在真实的工作情景中感受和培养职业素养、职业态度和关键能力。企业与学校专业课教师、思想政治教师共同参与，把学校培养的工匠精神诉诸企业实践中来。实现从知识、技能到素养高度融合，躬行践履、精益求精、知行合一，把工匠精神实践化、具体化。走进校企合作的企业，现场感受企业文化，以及企业工人对工作、对岗位的执着追求精神。

四、从校园文化生活中，培养工匠精神

参加校园文化活动，体验崇尚劳动光荣、技能宝贵的氛围，在耳濡目染中积淀工匠精神。具体表现为以下3个方面。

（1）经常性地开展与工匠精神相关的第二课堂活动。高职院校根据高职工科学生培养的目标和学生个人成长发展的需求，形成有特色的第二课堂。可以通过工匠精神的相关讲座、优秀毕业生报告会、演讲征文比赛等，以及诗歌朗诵会、歌咏活动、舞蹈小品等文艺活动的

形式展现。这些活动重在确立学生具有工匠精神的道德信念和道德情感。

（2）结合学校社团活动，教师参与社团指导，锻炼学生意志，培养学生工匠精神的践行能力。高职院校根据学生专业学习的特点和学生的兴趣爱好成立各具特色的社团。为了使社团能够经常性开展活动，活动有意义有成效，教师要参与积极指导，每项工作按照工匠精神的要求提出具体的工作要求并有相应考核和奖励。

（3）结合高职教育特点，注重企业文化育人，将企业文化引入课堂中来。高职学校认真调研和研究，将职业、企业、行业的文化要求以及对从业者的素养要求融入校园文化建设中，重点培育学生对企业文化的领悟力，形成独具特色的专业文化。在校园营造浓厚的企业文化氛围中，让学生在实践环境中养成爱岗敬业、一丝不苟的工匠精神。

高职学生要满足企业需要，适应工作岗位，实现职业理想，最重要的品质就是吃苦耐劳。高职学生在实践中要通过主题活动，培养吃苦耐劳的工匠精神，适应社会需要。通过顶岗实习，锻炼社会适应能力。

第二章　汽车行业人员的职业素养

中国汽车行业正处于大变革时期，很多细分领域相对也都有了更大的发展机遇，想要在汽车行业有所作为，就要深入去了解。

工作人员自身素质如何，决定着工作质量的高低。在现代社会大服务网络里，就应该认识到我为人人服务，人人也为我服务。在现代服务业竞争中，作为一名合格的汽车行业人员，应该具有正确的服务意识、良好的仪容仪表、熟练的专业知识和丰富的工作经验，恰到好处的接待客户的能力。

第一节　汽车行业的构成

根据汽车行业的特点，可以将其分为汽车制造业、汽车营销业、汽车技术服务业、汽车回收业。

一、汽车制造业

汽车制造业是指进行汽车生产加工活动的行业领域，即汽车的技术开发、研究、设计、生产的所有领域，包括轿车制造业、客车制造业、特种汽车制造业和汽车零部件制造业等。汽车制造业是把各种材料按照标准规范，利用现代加工设备，生产出具有特定功能、一定价值的汽车整车或汽车零配件产品的研发、加工的行业。

二、汽车营销业

汽车营销业是指从事汽车营销市场策划、汽车产品宣传、汽车市场促销的汽车销售企业。汽车的销售方式主要有以下几种。

一是汽车交易市场。由多家普通销售商和多家品牌专卖店组成的有形交易市场，其优势在于消费者可以拥有自由购物空间、更多的选择机会和购物一条龙的服务。

二是汽车专卖店。最典型的是4S店，其销售模式是汽车制造商与汽车经销商签订合同，授权汽车经销商在一定区域内从事指定品牌汽车的营销活动，汽车制造商会对汽车经销商的销售方式的流程、宣传推广方式、服务标准、店面形象设计做出统一的要求，专卖店主要有新车销售、维修服务、配件销售、二手车回收与销售、信息反馈等功能。汽车制造商可以在一个城市开设多家或在多个城市开设多家4S店,形成连锁店的销售形式。

三是汽车园区。汽车园区比汽车交易市场的功能更加丰富,不但在规模上比交易市场更大,而且增加了汽车文化、汽车科技交流、汽车科普教育、汽车展示、汽车旅游和娱乐等功能,将汽车和人的生活息息相关的方方面面集中体现,更加吸引消费者。

三、汽车技术服务业

汽车技术服务业包括汽车维修技术服务和汽车美容技术服务。汽车维修技术服务是指对汽车进行的检测、维修、维护等技术服务,汽车检测与维修就是借助技术人员的专业知识及诊断设备检测汽车行驶性能,查出故障原因,并采取一定措施排除故障,使其恢复并达到一定的性能和安全标准的工作。汽车美容技术服务主要是指采用特殊的工艺和方法对漆面增光、抛光、镀膜及深浅划痕处理,底盘防腐涂胶处理和发动机表面翻新,以及洗车、打蜡、除臭、洗尘等常规美容护理的系列养护技术服务。

四、汽车回收业

汽车回收业包括汽车的回收处理和汽车零部件的再制造。汽车的回收处理是指废旧汽车的回收、报废汽车的粉碎等,回收的汽车包括交通事故报废车、达到使用年限的汽车和被遗弃的汽车等。汽车零部件的再制造是指将拆解后的零部件进行整修和翻新的工作。

第二节　汽车行业的发展趋势

随着我国人民生活水平的不断提高,汽车已经成为越来越多家庭的消费品。到2010年年底,我国已经是汽车销量和产量第一大国了,未来的汽车行业发展会更加迅速。汽车既然是消费品,就需要销售、保养、检测、维修等。据专业顾问公司高级分析员介绍,汽车行业的人才匮乏早已众人皆知,特别是对人才的需求,从企业最低级的技工到企业最高级的管理人员,每一个级别的职位都有所空缺。首先看研发人才,中国汽车研发人才的情况是,总量少、工程技术人员在整个行业就业人员中比例低,研发人才领军人物奇缺。再看一线维修人才,2010年《中国汽车行业人才使用情况》调研报告显示:中国汽车维修人才的情况是,人员总量大,但是普遍文化水平低,缺乏先进理论知识,在290万从业人员中,38.5%是初中级以下学历,51.5%是高中学历,10%是大专以上学历,文化水平比例为4∶5∶1,而欧美发达国家的比例为2∶4∶4。

总之,目前我国汽车行业人员以体力工人和蓝领阶层为主,人员总体质量不高;汽车领军人才和高级专业人才匮乏;汽车复合型人才缺乏;研发人才流失严重,后备人才不足;

第五篇 职业素养

汽车营销、售后服务、汽车文化、博览等人才不能满足要求。所以说，汽车专业的毕业生就业前景非常广阔。最抢手的汽车人才分为以下几类。

一、汽车维修技术工

汽车销量递增，汽车维修技术工的需求也越来越大。据中国汽车精英网调查显示，一辆新车从购入到报废的花费中，购车费用只占35%左右，而后期维修保养占45%左右，后者以每年10%以上的速度递增。因此所需汽车维修技术工人才缺口将会不断扩大。

二、汽车服务专员

汽车服务专员，是集"销售、客户、技术"于一体的职位，是公司和客户之间的关键链接。汽车服务专员属全能型服务人才，此岗位对技术要求不高，要求对"销售、客户、技术"有所掌握和了解，能和客户沟通、了解客户所需。

三、增值服务销售人才

汽车增值服务是汽车行业新的经济增长点，其作为一种汽车后市场的发展模式，不仅获得人们的广泛认同，而且长势非常好。与之对应的人才也一再被列入抢手人才行列。增值服务主要包括汽车保险、贷款按揭、精品销售、汽车装饰、汽车改装等项目。中国汽车精英网数据显示，汽车后市场提供的利润远大于前端销售。由此可见，增值服务销售人才在汽车行业将会一直"吃香"。

四、汽车研发设计人才

无论是自主品牌研发还是新能源汽车的生产，高端技术研发都占据关键因素，汽车研发设计人才是各大企业每年的招聘重点。随着汽车行业的发展壮大，不少汽车企业将国外的研发中心转移到国内。目前，一般的汽车应用开发人才年薪为8万～10万元，比较优秀的人才年薪30万元左右。

五、销售经理

销售经理的薪水浮动相对比较大，一般由基本工资和销售业绩组成。其岗位职责如下：制定销售计划，主持销售部门工作事务，处理销售人员无权或无法解决的重大问题，考核部门工作，寻求新的利润增长点。销售经理一般要具备丰富的市场经验和管理经验。品牌和地区销售量的差异导致薪水差距，中国汽车精英网数据显示，中端品牌的销售经理年薪在30万元左右，也有上百万年薪的。

六、售后经理

汽车售后经理的主要工作是统筹安排售后的一系列工作，包括和客户的跟踪服务，安排人员走访咨询客户，接待、处理客户投诉问题。此岗位要求专业、耐心、细致。

七、汽车营销人才

汽车营销人才指从事汽车市场调研、分析与竞争研究，为企业生产经营决策提供咨询，并可进行汽车产品营销策划、汽车营销市场策划、汽车品牌市场宣传、汽车市场促销策划的专业人员。随着市场竞争加大，各大企业对汽车营销人才的需求急剧增长。

八、汽车采购

除了技术研发、销售等职位外，比较急需的人才非汽车采购莫属。这种情况在汽车整车领域及零部件领域皆如此。这主要源于汽车价格竞争激烈，许多企业不得不全力以赴降低成本，一方面他们希望借助于新的研发技术，另一方面则希望采购更低成本的部件。因此，有经验的采购人才就成为汽车行业的"香饽饽"。

第三节 职业素养的涵义、构成和汽车行业主要工作岗位的职业素养

一、职业素养的涵义

职业素养是人类在社会活动中需要遵守的行为规范。个体行为的总和构成了自身的职业素养，职业素养是内涵，个体行为是外在表象。它包含3个核心内容。

1. 职业信念

职业信念是职业素养的核心。良好的职业素养应该包含良好的职业道德、正面积极的职业心态和正确的职业价值观意识，这是一个成功职业人必须具备的核心素养。良好的职业信念应该由爱岗、敬业、忠诚、奉献、正面、乐观、用心、开放、合作及始终如一等这些关键词组成。

2. 职业知识技能

职业知识技能是做好一个职业应该具备的专业知识和能力。俗话说，"三百六十行，行行出状元"，没有过硬的专业知识和精湛的职业技能，就无法把一件事情做好，就更不可能成为"状元"了。

所以要把一件事情做好就必须坚持不懈地关注行业的发展动态及未来的趋势走向；就要有良好的沟通协调能力，懂得上传下达、左右协调，从而做到事半功倍；就要有高效的执行力，

我们研究发现，一个企业的成功30%靠战略，60%靠企业各层的执行力，只有10%的其他因素。中国人在世界上都是出了名的"聪明而有智慧"，中国人不缺少战略家，缺少的是执行者。执行能力也是每个成功职场人必须修炼的一种基本职业技能。还有很多需要修炼的基本技能，如职场礼仪、时间管理及情绪管控等，总之学习提升职业知识技能是为了让我们把事情做得更好。

3．职业行为习惯

职业行为习惯即职业素养，就是在职场上通过长时间地学习、改变，形成习惯的一种职场综合素质。心念可以调整，技能可以提升。要让正确的心念、良好的技能发挥作用就需要不断地练习、练习、再练习，直到成为习惯。

二、职业素养的构成

概括地说，职业素养包含4个方面：职业道德、职业思想（意识）、职业行为习惯和职业技能。职业道德是职业素养中最重要的部分，职业思想（意识）和职业行为习惯是职业素养的根基，而职业技能是支撑职业人生的表象内容。西方管理学家把职业素养的内容概括成"素质冰山"理论。

"素质冰山"理论认为，个体的素质就像水中漂浮的一座冰山，水上部分的知识、技能等职业技能仅代表表层的特征，这些是通过学习、培训比较容易获得的。例如，计算机、英语、建筑等属职业技能范畴的技能，可以在相对较短的时间内通过集中培训的形式掌握，并在实践运用中日渐成熟而成为专家；水下部分的动机、特质、态度、责任心也就是职业思想（意识）和职业行为习惯，它们属于世界观、价值观、人生观范畴，从出生到退休或至死亡逐步形成，逐渐完善。这一般是决定人的行为的关键因素。应聘者的职业素养也可以看成一座冰山：冰山浮在水面以上的只有1/8，它代表汽车行业人员的形象、资质、知识、职业行为和职业技能等方面，是人们看得见的、显性的职业素养，这些可以通过各种学历证书、职业证书来证明，或者通过专业考试来验证。而冰山隐藏在水面以下的部分占整体的7/8，它代表汽车行业人员的职业意识、职业道德、职业作风和职业态度等方面，是人们看不见的、隐性的职业素养。显性职业素养和隐性职业素养共同构成了所应具备的全部职业素养。由此可见，大部分的职业素养是人们看不见的，但正是这7/8的隐性职业素养决定、支撑着外在的显性职业素养，显性职业素养是隐性职业素养的外在表现。因此，职业素养的培养应该着眼于整座"冰山"，并以培养显性职业素养为基础，重点培养隐性职业素养。

三、汽车行业主要工作岗位的职业素养

21世纪的企业竞争，归根结底是人才竞争。随着我国汽车保有量迅猛增长，汽车维修业已步入高科技领域，汽车维修逐渐成为社会关联度高、经济贡献率大的"朝阳产业"。按价值工程论的观点，汽车维修就是以最低的社会消耗恢复汽车丧失的功能，而功能的实现需

第二章 汽车行业人员的职业素养

要具体手段,手段不同效果亦不同,要想取得好效果,就必须有更多更好的手段,而手段的先进性取决于创造和运用手段的人。由此可见,在汽车维修企业技术构成的人员、设备和信息三大要素中,人的要素决定着汽车维修企业维修质量和维修成本的高低。下面从这一基本思想出发,对现代汽车维修人才应具备的若干职业素质与能力进行以下几点阐述。

1. 应有良好的现代汽车维修职业道德

良好的汽车维修职业道德是现代汽修业能够正常生存的立业之本。那么,我国在营的汽修企业及汽修人员的职业道德现状表现如何呢?从有关媒体资料披露的信息和在汽车维修企业中耳闻目睹的不完全情况看,合法的汽修服务企业大多是讲诚信的,但不具备经营资质的"黑"汽修企业也不少,常见的不良修车现象如下:一是过分夸大、渲染故障内容,开"大处方"以达到多收修理费的目的;二是配件以次充好,甚至在维修过程中只换不修;三是为达到盈利目的,甚至故意损坏送修车辆的相关零部件,造成本来可以只换个别零件的,结果却要更换总成,增加了收费内容。因此,培养汽修行业人才的良好职业道德,是各类汽修企业、行业人才培训机构、开设有汽车维修专业的各类职业院校应着力加强的一项要务。

2. 应有现代汽车维修的规范化职业观念

从某种程度上讲,汽修人才的规范化观念是中国汽修业与国外汽修业存在的最大差距,同时也是一个难以缩短的差距,不说中国在高新技术方面与国外存在差距,仅就机修而言就落后许多。其中的原因首先是国人普遍缺乏规范化的观念,其次是没有规范化的文件。从近几年全国各地举办的风格各异的汽车维修职业技能大赛所披露的信息看,各地汽车维修人才都纷纷施展了熟练的专业技能,但就大赛评委及业内人的视角看,即使是进入决赛的选手,在动作的规范性、技能的灵活性等方面也需要继续提高。而在日本的汽车维修业中,每一项操作都有它的规范和标准。例如安装发动机,要求什么样的安装环境和安装条件,先安装什么,后安装什么,安装的每一步骤应达到什么样的标准,都有明确、详细的规定,不管你原先有什么样的安装习惯,只要你在该企业安装发动机,就必须遵守该企业安装发动机的规范标准。正因为日本的企业都严格按照规范标准作业,所以日本的汽车工业才如此发达。因此,各类汽修企业和职业院校在培养汽修专业人才的过程中,应注重大力培养其规范化的职业观念。

3. 应会挑选、使用并延伸现代汽车维修新设备的用途

一个汽修企业或维修人员能力的高低在很大程度上取决于对设备的运用程度。传统的维修设备和检测手段将被现代汽车新技术、新设备、新工艺所替代,各种现代化检测诊断仪器、设备和新的维修技术应运而生。仔细观察便不难发现,在许多汽修企业和开设有汽修专业的各类院校及培训机构中,有不少维修设备摆在那里是充门面、装样子的,有的设备连

包装都没有打开过，只是因为行业管理和上级部门的要求而购置。例如，使用最基本的尾气分析仪却不会依据数据做推论，几十万元一台的发动机综合分析仪，其功能利用率还不到 10% 等。因此，一个真正的现代汽修人才一定要会开发和充分利用汽车检测设备，并尽量延伸相关设备的有效用途。

4. 应有较强的现代汽车维修逻辑推理能力

现代汽修人才对汽车故障应具备一种特殊的逻辑分析能力，这一要求在一定程度上是由我国汽车维修行业的实际情况决定的。这是因为，到目前为止，我们的检测手段、设备的使用状况和故障的发生部位，还没有达到只需要单纯更换零配件的程度，大部分汽车维修的主要任务还是"诊断"，即所谓"七分诊断、三分修理"，真正反映一个现代汽修人才水平的也是其诊断的准确程度。在诊断过程中，汽修诊断类似于医生给人治病，要"懂原理、会分析、能推理、巧诊断"。排除一个故障车的疑难杂症，有时就像一部很好的推理小说，只不过小说的主角是汽车的各个系统。因此，一个不会推理的人、不会逻辑分析的人是很难成为一名优秀的现代汽车"医生"的。

5. 应具备现代汽修机电液一体化的工种能力

中华人民共和国成立后有车史以来，汽车维修业一直沿用着师傅带徒弟的办法，手把手地传授维修技术。这是由于当时的汽车整体机构单一，汽车维修故障主要靠眼看、耳听、手摸，故此经验显得非常重要。然而面对现代电控汽车，车辆的故障已不仅仅局限于简单的机械或电气系统，往往机械问题还牵涉到电气问题及电子处理系统，传统的维修技术已时过境迁。过去汽修业技术单一的分工，如机修工细分为发动机工和底盘工，电工就只修电器附件，面对现代汽车上普遍装备的音响、空调却束手无策。随着不断面市的新车型科技含量越来越高，这种分工早已经不现实，迫切需要将机修工、电工结合起来，再辅以液压技术，三者有机地结合才是实用的现代汽修一体化人才。

6. 应有一定的现代汽车外语基础

汽车技术的发展日新月异，21 世纪的汽车行业已注定需要有国际化的合作与交流。目前国内汽车维修业所修的车中有相当一部分是进口车，实际修车工作中，不仅要查阅一些相关车型的外文资料，还要能非常方便地了解到国外最新的汽车技术、维修手册和诊断办法，因此，具有一定的外语基础显得尤为重要。加上绝大多数汽车专利技术掌握在奔驰、宝马、丰田等国际汽车巨头手中，根据汽车行业的规矩，维修人员的培训要在新车上市之前完成，以保障新车上市后即使出现故障，也能很快得到维修。所以，新车型维修培训工作相当紧张，有时培训资料根本来不及翻译成中文，就要求维修人员能够根据说明书进行学习。如果没有一定的外语基础，不但很难学透新车的维修技术，在维修过程中遇到需要查阅说明书时，自己也是"寸步难行"。包括工作之余需要网上了解各种新车型的技术特性，没有外语功底也是极不方便的。

7. 应有一定的计算机知识和互联网应用能力

现代汽车维修人才必须掌握一定的计算机知识，不仅要了解计算机的正确使用方法，还应了解汽车用单板机的基本原理和控制原理，否则对于许多故障只能是无法理解甚至莫名其妙。此外，就现代汽车维修业而言，没有哪一个人能将数千种车型的维修资料、数据、程序记忆在大脑中，汽车维修人员的知识、技术、经验以及对资讯的全面掌握，越来越显示出自身的局限性，解决这一问题的最有效途径就是上汽车维修专业互联网。就国际汽车维修行业而言，汽修技术的资料查询、故障检测诊断、新技术培训网络化等早已达到全面普及的程度。因此，现代汽修人才必须具备互联网的应用能力，这是 21 世纪时代发展和行业特征的要求。

8. 应对现代汽车知识及相关书刊有浓厚的兴趣

从整体上讲，我国现有汽修行业中，绝大多数修车技术优秀的人员对汽车知识及相关书刊表现出特有而浓厚的兴趣。仔细观察不难发现一个共同而有趣的现象：他们的汽车技术书刊一定非常多，他们许多时候为了买书买资料往往是不惜金钱的，几百上千元的汽车书刊和资料买得很痛快。其实，这也是知识经济时代能否拥有较高的汽修技术水平的某种象征。而且，一个优秀的汽修人才，不是仅靠对师傅的言听计从就能成才的，他更应该有自己的想法和思路，更要有自己的技术资料库。大凡有志于成为现代汽车维修明日精英的业内同仁，切记要从培养自己对现代汽车知识及相关书刊有浓厚的兴趣做起。

第四节　汽车行业人员职业素养的培养与自我培养

从工匠精神的培养，到职业教育的改革，再到荣誉体系的激励及文化土壤的培育，如此持之以恒地"补钙"，让中国制造的筋骨更强健、品牌更响亮。当前，中国制造正在塑造自己的高端竞争力，工匠精神正在促进中国制造业实现质的飞跃。

德国品牌汽车之所以在中国市场长盛不衰，一个很重要的原因是消费者认为德国汽车品质可靠，德国制造深入人心。

作为汽车王国，三大著名汽车品牌奔驰、宝马和奥迪都来自于德国，其高品质、安全性、操控性处于世界领先水平。除了汽车外，在机械工程、家用电器、家居生活用品等许多领域，德国制造世界闻名，拥有 2 300 个世界知名品牌。其原因与德国的工匠精神息息相关。

改革开放以来，随着利用外资和自主研发的不断深入，汽车行业的中国制造得到了长足发展。目前国内销售的汽车中，95% 以上是在中国的工厂里（有合资企业工厂，也有自主品牌企业工厂），由中国工人生产出来的。但是也要看到，相对而言，合资车企的产品品质和溢价能力，总体优于自主品牌车企。

中国汽车目前的总体状况是大而不强。要实现由汽车大国转变为汽车强国，要打造中国自己的一流汽车品牌，产品品质是第一位的。而要设计生产出一流的汽车产品，就必须在全行业倡导工匠精神。切实克服大而不强、创新不足、产品档次不高、溢价能力低等问题。

从"中国制造"向"中国智造"迈进，还有很长的路要走，而工匠精神在这一环节中发挥着积极作用。中国速度向中国质量转变，关键要在降低成本的同时保证品质。

轿车用第三代轮毂轴承单元是汽车核心安全零部件，然而这个关键技术一直为国外老牌汽车公司垄断。2013 年，中国通过国家工业和信息化部工业强基工程项目"轿车用第三代轮毂轴承单元"，凭借多年技术积累和联合攻关，成功攻克该零部件被国外垄断的 16 项关键技术，打破了国外大公司的技术封锁和市场垄断。

如今，该项目已形成年产 140 万套中高档轿车用第三代轮毂轴承单元的能力，并与神龙、长安福特、一汽、东风日产等企业形成批量供货。这对于产品换代升级、抢占中高端轿车市场具有重要意义。

二、工匠精神自我培养

工匠精神是专心、专注并且持之以恒地干好本职工作，能够养成严谨专注、重视技能的习惯，从而生产出更好的产品，同时，让个人在商业化的社会中获得自我认同。

工匠精神的作用就是能够时刻站在用户的角度，精雕细琢每一件商品，并且持续地对该商品提出改善意见与建议，最大限度地用最少的资源制造精品，为用户提供满意的商品。

工匠精神的形成离不开两个核心元素，即精雕细刻与精益求精。比如在产品质量提升方面，就是没有最好只有更好。要做到这两点（精雕细刻与精益求精），从自身角度来说需要立足岗位不断地学习与工作标准相关的理论知识与实际操作要领，并把这些标准、流程、要求牢记于心。而作为汽车行业人员，不仅要当好整车的"全科大夫"，替产品把好关，更需要站在用户的角度，用"挑剔"的眼光对待产品。所以我们常说干好一件事不难，难就难在能否持之以恒地干好，对信念的坚守。在实际的工作中做到工匠精神中的专业、敬业与坚持、传承，要求每一个汽车行业人员会学、会干、会写、会讲、会传。

参 考 文 献

[1] 汲羽丹,刘孟祥,辛莉. 汽车文化[M]. 哈尔滨:哈尔滨工业大学出版社,2013.
[2] 李晗,纪烨. 汽车文化[M]. 北京:北京邮电大学出版社,2014.
[3] 宋麓明. 汽车概论[M]. 济南:山东大学出版社,2011.
[4] 余祖光. 产业文化读本[M]. 北京:高等教育出版社,2012.
[5] 余祖光. 产业文化育人典型案例[M]. 北京:高等教育出版社,2012.